Le 360°, outil de développement personnel

Groupe Eyrolles
Éditions d'Organisation
61 Bd Saint-Germain
75240 Paris Cedex 05
www.editions-organisation.com
www.editions-eyrolles.com

DU MÊME AUTEUR
CHEZ LE MÊME ÉDITEUR

- *La gestion des compétences,* 1996

- *La personnalité,* 2005

- *RH, les apports de la psychologie du travail,* 2ᵉ édition, 2006

- *La motivation au travail,* 3ᵉ édition, 2006

- Évaluation du personnel, 6ᵉ édition, 2007

- *Re-motiver au travail,* 2007

Cet ouvrage a fait l'objet d'un reconditionnement à l'occasion de son troisième tirage
(nouvelle couverture). Le texte reste inchangé par rapport au tirage précédent.

ISBN : 978-2-212-53912-7

Claude LÉVY-LEBOYER

Professeur émerite de Psychologie du travail
à l'Université René-Descartes Paris V

Le 360°, outil de développement personnel

Troisième tirage 2007

EYROLLES

Éditions d'Organisation

Sommaire

Introduction

Le « concept » de 360°

La perception d'autrui, l'évaluation que chacun d'entre nous élabore au sujet des personnes avec qui il est en contact font partie de notre vie quotidienne – même si nous ne les explicitons pas toujours – et elles déterminent nos comportements sociaux. Si, par exemple, nous jugeons tel collègue coléreux, nous en tiendrons compte dans nos rapports avec lui. Si nous pensons tel autre craintif et peu sûr de lui, cela influencera la manière dont nous lui présenterons une nouvelle mission. Souhaiter savoir comment les autres nous jugent est donc bien plus qu'une simple curiosité. C'est d'abord une information qui nous permet de mieux comprendre leur comportement à notre égard, et qui, par ricochet, nous fait réfléchir à notre propre comportement. Et c'est surtout, lorsque cette information est donnée par plusieurs observateurs, une réelle expérience qui nous met en mouvement, nous incite à la réflexion, et contribue ainsi au développement personnel.

Cet appétit de savoir ce que les autres pensent de soi est manifeste pour tout observateur attentif de la vie sociale dans les entreprises. Appétit plus vif mais moins bien satisfait actuellement que par le passé. En effet, la diminution du nombre de niveaux hiérarchiques a forcément réduit la fréquence des mobilités vers le haut. Or, une promotion est justifiée par une évaluation positive du travail accompli, et elle apporte donc une information concrète sur les compétences démontrées. Alors que la mobilité horizontale n'apporte pas d'information claire mais, au contraire, représente un défi dans la mesure où il s'agit d'affronter une nouvelle responsabilité.

En outre, l'accroissement de la compétitivité des entreprises passe souvent par un surcroît de la charge de travail individuel, ce qui laisse moins de temps à l'observation et à l'interprétation des multiples informations ponctuelles que ménagent la vie sociale et le travail en équipe. On peut ajouter que la globalisation de l'économie a souvent entraîné un éclatement géographique des entreprises qui disperse le personnel et rend l'observation directe plus difficile et l'évaluation plus hasardeuse. Et ceci est encore plus vrai quand les notations professionnelles concernent plus la créativité et les qualités relationnelles que les simples résultats de la production, et plus la manière dont les résultats sont atteints que ces résultats eux-mêmes. En outre, les évaluations traditionnellement faites du haut vers le bas, donc par la hiérarchie, sont souvent perçues comme le support et la justification *a posteriori* des récompenses ou des sanctions, mais pas comme des informations sur ses compétences. De ce fait, elles incitent les personnes notées à se mobiliser pour obtenir ces récompenses et pour éviter ces sanctions, mais pas à agir dans une perspective de développement personnel. Pourtant, assurer des possibilités de développement personnel, donner des occasions d'acquérir de nouvelles compétences, deviennent les obligations majeures des entreprises à l'égard de leur personnel.

C'est pourquoi il ne faut pas voir dans la multiplication actuelle des évaluations à 360° une mode passagère, mais bien un instrument puissant, et innovant, qui répond à des besoins créés par l'évolution actuelle des carrières, des techniques et des conditions économiques. Lorsque les compétences acquises en formation initiale et la routine de leur application suffisaient à créer une qualification durable, ces besoins étaient moins impératifs. Ils constituent actuellement une préoccupation centrale, parce que l'évolution rapide des technologies et le changement encore plus rapide des conditions économiques forcent les entreprises, si elles veulent rester compétitives, à mettre en œuvre de nouvelles compétences. En témoigne notamment le fait que la liste des caractéristiques individuelles nécessaires pour définir un poste à pourvoir ou pour décrire un candidat concernait traditionnellement les connaissances, les aptitudes, les intérêts, les valeurs et la personnalité. Alors que s'y ajoutent maintenant de plus en plus souvent des compétences acquises sur le terrain. Cela implique la nécessité, pour les individus, non seulement d'être capables de faire l'inventaire de leurs compétences mais aussi d'être en mesure de développer celles qui sont des facteurs de progrès dans leur carrière. Ce qui oblige les organisations à élaborer des référentiels de compétences, à évaluer le stock de compétences dont elles disposent, et à prendre les mesures utiles à leur développement. L'organisation n'est « apprenante » que dans la mesure où les individus qui y travaillent ont la volonté et la possibilité d'acquérir les nouvelles compétences qui sont l'expression directe de la stratégie de l'organisation et qui vont dans le sens de sa vision.

EN QUOI LE 360° RÉPOND-IL À CES BESOINS ?

Et d'abord, un 360°, c'est quoi exactement ?

C'est un questionnaire dont l'utilisation est faite de manière à permettre à un individu d'obtenir, dans des conditions qui respectent la confidentialité :

- Une auto-description de ses compétences, si possible cadrée par rapport à des normes pertinentes ;
- La description de ses compétences faite anonymement par d'autres qui le connaissent, descriptions également cadrées par rapport à des normes pertinentes, chaque fois que c'est possible ;
- Une présentation de ces informations permettant de comparer ces descriptions entre elles, et également avec son auto-description.

Pourquoi se donner la peine de recueillir des descriptions venant de différentes personnes, descriptions faites anonymement ? Recherches et applications ont montré que l'information apportée par les 360°, c'est-à-dire par des personnes qui vous connaissent (collègues, collaborateurs, supérieur, mais aussi époux ou épouse, clients...)

constitue un élément essentiel du développement personnel. Parce qu'elle apporte un tableau diversifié, confidentiel donc sincère, et que les décalages entre les images données par les autres et sa propre description forcent à chercher ce qui a causé ces différences. Et aussi parce que aucun d'entre nous ne s'auto-évalue de manière totalement objective. Les recherches sur l'auto-évaluation montrent, en effet, que nous négligeons ou nous sous-estimons souvent les informations négatives qui nous concernent. Ce qui explique que les descriptions fournies par le 360° surprennent toujours ceux qui les reçoivent[1]. L'essentiel n'étant d'ailleurs pas de surprendre mais d'accroître la lucidité de l'image de soi et, en même temps, de donner des informations sur la manière dont les autres vous perçoivent.

En fait, l'image que chacun d'entre nous construit de lui-même et, notamment, de ses compétences est souvent inexacte parce que nous recevons peu d'informations – les collègues et les collaborateurs reculant devant le fait de donner aux autres des informations péjoratives, ou les donnant enrobées dans des compliments qui en masquent la portée. De plus, nous avons tous tendance soit à négliger, soit à justifier les informations négatives, et ceci est particulièrement vrai lorsqu'il s'agit de personnes ayant une très forte estime de soi. En d'autres termes, toute nouvelle information est traitée en fonction de la perception que l'individu a de lui-même. Mais, et c'est un des intérêts du 360°, lorsque l'information se présente sous la forme de communications anonymes, qu'elle vient de plusieurs individus et qu'elle concerne des comportements spécifiques, il est plus difficile de la rejeter.

Les résultats des recherches sur les effets du 360° montrent que la restitution d'informations à 360° peut pousser les individus à modifier leur image de soi[2]. Certes, cela ne signifie pas que les descrip-

---

1. M. Harris, J. Schaubroeck (1988), « A meta-analysis of self-supervisor, self-peer, and peer-supervisor ratings », *Personnel Psychology*, n° 41, pp. 43-61 ; P. Mabe, S. West (1982), « Validity of self-evaluation of ability : a review and meta-analysis », *Journal of applied Psychology*, n° 67, pp. 280-296.
2. L. Atwater, P. Roush, A. Fischthal (1995), « The influence of upward feedback on self and follower ratings of leadership », *Personnel Psychology*, n° 48, 35-59.

tions données par les autres soient toujours exactes, mais que
l'information reçue sur la manière dont son propre comportement est
interprété et évalué par les autres, et sur l'impact de son comportement sur les autres, est importante pour trois raisons[1]. D'abord, les
observations faites par les autres sont plus réalistes que l'auto-obser-
vation. Par exemple, on peut croire qu'on apparaît comme quelqu'un
d'amical et d'attentif aux autres, alors que ce n'est pas le cas. Et c'est
l'opinion des autres – ceux qui nous observent – qui a de l'importance. En second lieu, que les autres aient raison ou pas, il est important de savoir comment on est perçu dans la situation de travail parce
que c'est la perception des autres qui influence leur propre comportement à notre égard. Et les cadres en position d'autorité sont particulièrement handicapés quand ils ne savent pas comment les autres
interprètent leurs comportements. Si le jugement des autres est vraiment inexact, il est bon de le savoir, de réfléchir aux raisons qui
expliquent ces erreurs et, pour éviter d'éventuelles conséquences
négatives, d'agir pour rectifier cette opinion erronée.

Bref, le questionnaire à 360° est un outil efficace de connaissance de
soi et de gestion de son développement. Mais il ne doit pas être perçu
comme un stimulant automatique du développement. Même si la
restitution des descriptions à 360° est essentielle, même si le questionnaire utilisé est pertinent et le processus, bien géré, cela ne suffit
pas à entraîner la volonté de se développer, encore moins à construire un plan de développement et à le mettre en œuvre. Il faut aussi
que la personne concernée soit prête à quitter le confort de la routine
pour se confronter à des missions et à des challenges inédits. Il faut
également qu'elle possède, ou qu'elle développe, une réelle aptitude
à apprendre, à tirer parti de l'expérience ; enfin, et surtout, il faut
qu'elle trouve dans son environnement social et professionnel non
seulement d'autres retours d'informations, mais également un soutien et des conseils.

---

1. D. A. Waldman, L. E. Atwater (1998), *The power of 360° feedback*, Gulf
   Publishing Company, Houston.

En quoi le 360° est-il une innovation dans la gestion des ressources humaines ? Obtenir des informations sur la manière dont on remplit les missions qui vous sont confiées n'a rien de neuf. Utiliser un questionnaire d'auto-description pour se décrire et aussi pour se faire décrire par d'autres est également une pratique utilisée dans le développement et l'étude des tests de personnalité. Mais, traditionnellement, dans l'entreprise, c'est le supérieur hiérarchique qui évalue ses collaborateurs. Certes, de rares organisations utilisent l'évaluation dite « vers le haut » parce qu'elle est faite par les collaborateurs et les subordonnés appelés à juger leur supérieur hiérarchique. C'est là une façon de faire qui peut être utile mais qui ne constitue qu'une partie de l'approche à 360°.

En effet, ce qui est nouveau dans la démarche dite à 360°, c'est son cadre opérationnel, et son point de départ empirique. Depuis une cinquantaine d'années, aux États-Unis d'abord, dans les multinationales, puis en Europe et au Japon, on a accordé de plus en plus d'importance aux informations sur la manière dont le travail est accompli, au lieu de se limiter à en évaluer les résultats. Les notations professionnelles qui portent sur des aptitudes ou des traits de personnalité se sont révélées, depuis longtemps, décevantes, affectées par des effets de tendance centrale et de halo, c'est-à-dire peu discriminantes et trop globales. Ce qui n'a rien d'étonnant. En effet, aptitudes et traits de personnalité sont des caractéristiques individuelles qui ne sont pas observables directement et qui doivent être inférées à partir d'observations générales sur les résultats et les performances. Alors que la mise en œuvre des compétences pour accomplir des missions bien définies peut faire l'objet d'une analyse concrète et d'un examen des causes et des moyens. C'est bien l'idée centrale du « management par objectif » qui met l'accent sur les buts à atteindre, sur le décalage entre la performance et les objectifs, et sur l'analyse des causes de ce décalage. Par ailleurs, on sait maintenant, notamment grâce aux travaux de Locke et de son équipe, que la motivation est tributaire des informations reçues sur les résultats obtenus et sur la distance qui reste à parcourir pour atteindre un but donné. Ce qui ne peut que donner plus d'importance aux entretiens pendant lesquels les hiérarchiques analysent les résultats et examinent avec leurs collaborateurs ce qui les explique sans se contenter d'une simple évaluation des résultats[1].

Pourtant, et malgré ces progrès théoriques, malgré la volonté de ne pas se contenter d'évaluations abstraites et sans preuves objectives, ces procédures d'évaluation n'ont pas toujours eu les résultats escomptés. Pour plusieurs raisons : les entretiens de restitution deviennent rapidement vides de contenu, à la fois parce qu'ils manquent de données concrètes sur les causes des résultats obtenus et parce que les partenaires ont tendance à éviter les points qui pourraient susciter des conflits. En outre, les entreprises sont de plus en plus souvent constituées de réseaux d'équipes, ce qui rend difficile de préciser le rôle et la responsabilité de chacun dans les résultats.

Aussi, pour accroître la qualité et la quantité des informations, pour améliorer les échanges concernant les objectifs et les résultats, l'intérêt s'est porté dans les années 70, en particulier aux États-Unis, vers un accroissement des responsabilités données aux subordonnés et aux collaborateurs dans l'évaluation de leurs supérieurs. A telle enseigne que de grandes entreprises ont intégré ce type d'évaluation dans leur politique de gestion du personnel. Quelques années plus tard, le Center for Creative Leadership, organisation sans but lucratif située en Caroline du Nord et dédiée à la formation des cadres et des managers, a mené une série de recherches sur les facteurs responsables de la qualité des conduites d'encadrement et sur l'acquisition de ces qualités. Ces recherches ont ouvert une nouvelle voie d'interventions psychologiques en montrant le rôle des évaluations multiples sur la mise en œuvre d'actions visant le développement personnel[2]. Non seulement, en effet, elles ont permis de préciser le

1. C. Lévy-Leboyer (1998), *La motivation dans l'entreprise, modèles et stratégies*, Les Éditions d'Organisation, Paris.
2. R. Lepsinger, A.D. Lucia (1997), *360° feedback*, San Francisco, Jossey Bass ; E.H. Lindsey, V. Homes. M. Mc Call (1987), Key events in executive lives, *Technical Report*, n° 32, Center for Creative Leadership, Greensboro ; M. W. Mc Call, M.M. Lombardo, A.M. Morrison (1988), *The lessons of experience*, Lexington, Lexington Books.

rôle psychologique du « feedback à 360° », mais elles l'ont situé dans le contexte du nécessaire développement des compétences au cours de la vie active, et elles ont montré que le 360° est un puissant instrument de développement personnel, qui s'appuie sur une conception de la genèse de ce développement, donc des facteurs qui favorisent l'acquisition des compétences.

Les enquêtes et les travaux menés au Center for Creative Leadership ont apporté le cadre conceptuel qui a permis la construction, par eux, puis par d'autres éditeurs de tests, d'outils à 360°, et qui a défini les règles de l'utilisation de ces informations pour stimuler le développement des compétences. En particulier quatre conclusions constituent la base empirique sur laquelle s'est construit ce qu'on peut appeler la méthode du 360° :

- Les *connaissances*, comme le droit, la géométrie, la grammaire anglaise... peuvent être acquises par le truchement de formations classiques. Les *compétences* requièrent la maîtrise de connaissances adaptées. Mais ces connaissances ne sont pas suffisantes. Et l'expérience joue un rôle central dans le développement des nouvelles compétences. Pour faire comprendre la différence entre connaissances et compétences, prenons un exemple simple, celui de la conduite automobile : il ne suffit pas de connaître le code de la route, la manière dont marche un moteur, et le mode d'emploi des différentes commandes du tableau de bord, pour savoir conduire une voiture. C'est l'expérience de la conduite, les erreurs faites et corrigées, les obstacles rencontrés et dominés qui permettent d'acquérir la compétence nécessaire ;

- L'*expérience* est indispensable à l'acquisition des compétences mais elle ne suffit pas. Encore faut-il savoir en tirer parti pour acquérir de nouvelles compétences, et posséder les aptitudes utiles pour le faire. Aussi, les cadres les plus performants sont ceux qui possèdent une réelle capacité à apprendre, et qui savent exploiter toutes les expériences qu'ils traversent, même celles qui n'ont pas été couronnées de succès ;

- Toutes les expériences ne sont pas également formatrices. Celles qui constituent des défis, des *challenges* difficiles à surmonter, forcent, plus que les autres, à développer de nouvelles compétences pour réussir ;

- Le « *feedback* », ou retour d'informations sur son comportement, que fournit le milieu social et que le 360° apporte de manière plus systématique, plus complète et plus détaillée, constitue un des facteurs importants du développement des individus – à condition qu'il soit accompagné par une personne compétente et qu'il soit soutenu par l'organisation.

L'ensemble de ces remarques définit le cadre dans lequel s'inscrit l'efficacité d'un instrument « à 360° ». On peut, en effet, le décrire de manière résumée, en trois phrases :

- La globalisation de l'environnement économique, ainsi que la rapidité des progrès techniques donnent aujourd'hui une importance accrue au développement personnel et à l'acquisition de nouvelles compétences en cours de carrière ;

- Organiser l'acquisition des compétences n'est plus la seule affaire de l'entreprise, qu'elle soit publique ou privée. Une grande majorité d'entre nous souhaite jouer un rôle actif dans la gestion de sa carrière et en particulier dans la planification de son développement personnel ;

- Développer ses compétences n'est pas facile. Sortir de son confort quotidien pour amorcer une activité qui va permettre le développement ne se fait pas sans effort. Effort qui est stimulé et facilité par le retour multiple d'informations sur ses compétences et son comportement. A condition que ce retour d'informations soit convenablement soutenu et accompagné.

Au total, on peut retenir que l'application d'un questionnaire à 360° n'est que la première étape d'un processus de développement des compétences. C'est un instrument qu'il faut savoir implanter et gérer avec habileté et diplomatie et qui ne doit pas être perçu comme une nouvelle forme de notation professionnelle. Son efficacité et son succès dépendent de nombreux facteurs, et notamment de l'existence d'un climat qui favorise le changement et l'innovation, d'une culture qui implique la recherche de moyens pour que l'organisation soit réellement « apprenante », et pour laquelle le fait d'intégrer un 360° à la gestion de ses ressources humaines ne constitue pas le seul agent de changement mis en œuvre. Autrement dit, le succès de l'implantation d'un 360° est fonction des caractéristiques de l'environnement organisationnel, en particulier de l'accent mis sur l'implication du personnel à tous les niveaux ainsi que de la volonté de l'organisation de favoriser le développement personnel. Certes, un 360° n'a pas pour objectif de faire changer la politique de l'organisation, sa vision ou ses stratégies, mais son succès dépend du contexte organisationnel existant et lorsque son utilisation est généralisée, elle a un effet sur la culture organisationnelle.

C'est l'objet de ce livre que de montrer que le 360° constitue une composante essentielle du développement personnel et professionnel, de préciser les conditions optimales de son insertion dans l'organisation, et de décrire la manière dont les résultats obtenus peuvent favoriser le développement des compétences. Le premier chapitre décrit en détail la nature et le fonctionnement pratique des questionnaires à 360°. Le second chapitre indique comment choisir un des questionnaires existants, comment l'utiliser, et, si besoin est, le construire. Le troisième aborde l'implantation dans l'entreprise, le développement et l'accompagnement d'un instrument à 360°. Le quatrième décrit le rôle central de ce qui constitue l'originalité d'un 360° – la nature des informations venant de sources multiples, ce qui fait qu'elles sont acceptées ou rejetées. Le cinquième chapitre fait le point sur ce qui doit suivre la restitution des résultats pour que celle-ci amorce effectivement une démarche de développement. Le sixième chapitre tente de prévoir l'avenir de ces instruments, de montrer qu'il ne s'agit pas d'une mode passagère mais d'une importante innovation qui est encore appelée à se développer. À condition de tenir compte des différences interculturelles. Une annexe résume à l'intention des praticiens les principes et les précautions à respecter pour utiliser un 360° de manière profitable.

▼ Pratiquement, on peut retenir que :

Les questionnaires à 360° ne sont pas des gadgets dont le but principal serait de satisfaire la curiosité. Il s'agit d'une méthode qui repose sur un cadre conceptuel précis, lui-même étayé par une série de recherches sur les facteurs du développement personnel.

Les questionnaires à 360° concernent des compétences qui sont évaluées par ceux qui ont l'occasion d'observer les performances qui les mettent en œuvre. Ils permettent de comparer son auto-évaluation à l'évaluation donnée par des observateurs.

La restitution d'évaluations à 360° stimule et pilote les efforts de développement, à condition qu'elle soit correctement accompagnée et que la culture de l'organisation favorise le développement personnel en cours de carrière. Ce qui signifie que la méthode du 360° ne se termine pas à la restitution des résultats.

Pour que le 360° ait un effet positif, il faut que les efforts individuels soient orientés vers des objectifs qui sont cohérents aussi bien avec les souhaits individuels de carrière qu'avec la stratégie de l'organisation.

Chapitre 1

Comment ça marche ?

Il n'existe pas un seul 360°, mais une gamme d'instruments qui respectent les mêmes principes fondamentaux tout en répondant à des utilisations variées et en s'adressant à des publics spécifiques. En outre, de plus en plus souvent, au lieu d'utiliser un des instruments à 360° proposés par les éditeurs de tests, une organisation décide de construire un ou des questionnaires qui reflètent son référentiel de compétences et qui concernent donc les compétences propres à son secteur et à ses stratégies.

Mais il y a aussi des faux 360°, des instruments dont l'objectif est imprécis, qui n'ont pas été développés pour être utilisés en 360° et qui ne sont justifiés que par le souhait de suivre la mode. Ces dérives risquent de décourager les nouveaux utilisateurs d'un 360° parce qu'elles ne prennent pas en compte le fait que comparer l'auto-évaluation d'un individu avec les évaluations qu'en donnent les autres doit avoir un but clair, concrétisé par le contenu du questionnaire et la manière dont il a été construit, et être justifié par une approche psychologique précise sans être mis en œuvre seulement pour répondre à la curiosité. Et il est important d'expliquer la nature de ce but, donc ce qui justifie l'effort demandé, à ceux qui s'évaluent eux-mêmes, mais aussi à ceux qui acceptent d'évaluer les autres.

Un questionnaire à 360° doit avoir été construit spécialement pour cet usage, selon d'autres principes que ceux qui guident le développement des instruments destinés à faire un diagnostic et à contribuer à une prise de décision, principes que nous décrirons dans le chapitre suivant. Qu'ils soient génériques et achetés tout préparés, ou spécifiques et développés par une entreprise pour ses propres besoins, les 360° sont des instruments qui diffèrent des outils traditionnels d'évaluation. Pour que le lecteur réalise bien ce qui les singularise, nous en détaillerons l'administration, et nous la comparerons à celle des outils plus classiques dont disposent les psychologues du travail et les gestionnaires de ressources humaines.

COMMENT SE PASSE UN 360° ?

Outre le fait que le même questionnaire va être utilisé pour se décrire et pour se faire décrire par d'autres, l'utilisation d'un questionnaire 360° présente cinq caractéristiques précises qui font l'originalité de la méthode, et qui justifient le fait qu'un questionnaire de personnalité, d'intérêts ou de valeurs, ne peut pas être transformé en questionnaire 360° simplement en ayant recours à plusieurs notateurs :

- Les questions concernent des missions ou des activités et le participant ou l'observateur qui répond doit indiquer s'il se juge capable d'accomplir cette mission – donc s'il en a la compétence – ou si la personne qu'il décrit en a la compétence. Ce jugement est forcément fondé sur des comportements observés. Mais il peut aussi s'agir de missions que le participant n'a jamais exécutées ou encore que l'observateur n'a pas eu l'occasion de le voir accomplir. Cela n'empêche généralement pas les participants et les observateurs de répondre. Dans ces cas, ils infèrent le comportement supposé, à partir des observations qu'ils ont pu réellement faire – comme ils le feraient s'il s'agissait de prédire la compétence de quelqu'un qui est chargé d'une nouvelle tâche. En outre, ces questions ne concernent jamais une évaluation générale (comme : « a de bonnes relations avec ses collaborateurs »), mais toujours des situations précises (comme : « sait annoncer de mauvaises nouvelles à ses collaborateurs » ou encore : « donne de la visibilité aux contributions de ses collaborateurs »).

- Les réponses données au questionnaire par les observateurs qui décrivent une autre personne sont anonymes, et les cotations qu'ils donnent font l'objet de moyennes dans la présentation des résultats – sauf celles d'un observateur qui est le seul de sa catégorie, le supérieur, ou le conjoint, par exemple. Toutes les précautions sont prises pour que ces réponses restent confidentielles. Mieux encore, chaque « groupe » d'évaluateurs doit comporter au moins trois personnes, quatre de préférence, de manière à ce que la moyenne ne trahisse pas l'anonymat.

- Les résultats sont présentés dans le rapport de restitution de manière à faire ressortir les atouts et les faiblesses, ainsi que leur importance dans le secteur ou la carrière individuelle, ceci afin de mettre en évidence les domaines pour lesquels un développement sera fructueux.

- La restitution des résultats est d'abord synthétique, puis détaillée. Elle comporte un ou des profils, puis les scores donnés à chacune des questions posées, regroupées par thèmes. Ces thèmes sont définis par l'analyse statistique qui constitue une des étapes essentielles du développement d'un questionnaire à 360°. Et l'homogénéité de ces regroupements doit être garantie par les indicateurs statistiques classiques (notamment l'alpha de Cronbach). En outre, les questions rassemblées sous une même étiquette doivent posséder une parenté évidente. C'est-à-dire que tous les items d'un même thème doivent clairement se rattacher à la signification de ce thème.

- Enfin, ni la restitution des résultats, ni même leur lecture, ne terminent le processus. Bien loin de là... Un travail personnel d'analyse et de réflexion doit suivre. Il prend des formes différentes selon les individus et les situations. Mais il n'est réussi que s'il aboutit à un plan de développement et à sa mise en œuvre, qui feront l'objet du chapitre 5.

QUELLES CONSIGNES DONNER AUX PERSONNES QUI FONT UN 360° ?

La nouveauté du processus 360°, le fait d'être, pour la première fois, confronté à un ensemble important d'évaluations et d'évaluateurs peut représenter une source d'anxiété. Il faudra donc non seulement décrire en détail la méthode et ses étapes, mais aussi être prêt à répondre aux questions plus générales telles que :

– Pourquoi parler de 360° ?

– Quel objectif poursuit l'organisation en introduisant un 360° ?

– Qu'est-ce qui me garantit l'anonymat et la confidentialité ?

– Qui verra les résultats ?

– Quel est mon rôle ?

– A quoi servira le rapport de restitution ?

– Si je suis un évaluateur, comment éviter de faire des erreurs ?

Le participant[1] doit commencer par répondre lui-même au questionnaire, puisque l'objectif central consiste à comparer la manière dont il se perçoit et la manière dont les autres le décrivent. Il lui faut ensuite choisir les personnes qui seront chargées de faire les autres évaluations. La liste des évaluateurs potentiels est longue... et dépend de la situation. Dans tous les cas, ce choix est important et doit être fait en ne retenant que les personnes qui ont réellement des occasions d'observer la personne à décrire. On peut demander une évaluation à :

– son « *patron* », ou pour employer un terme plus classique, la personne à qui on « répond » ou à qui on « rend compte ». Rappelons que, dans la plupart des cas, ses évaluations ne seront pas anonymes, puisque chacun dépend en général d'un seul hiérarchique. Cependant d'autres cas peuvent se produire : dans les

---

1. Pour éviter des répétitions fastidieuses, nous appelons « participant » la personne qui s'auto-évalue et « observateurs » ceux qui l'évaluent.

organisations matricielles, une personne répond à plusieurs patrons, par exemple, le vice-président régional et le directeur général du marketing, ou encore à deux échelons hiérarchiques, son patron direct et le supérieur de celui-ci. Il est aussi possible qu'une mutation récente fasse souhaiter que le patron précédent, qui connaît mieux le participant, remplisse un questionnaire, en plus du patron actuel. Dans ce cas, les réponses des deux patrons peuvent soit être moyennées, soit être restituées indépendamment ;

– ses *collaborateurs* et subordonnés. Etre évalué par son supérieur constitue une démarche classique. C'est même la seule source d'évaluation dans les hiérarchies pyramidales traditionnelles. Pourtant les collaborateurs sont susceptibles d'apporter des informations précieuses parce qu'ils ont, en général, plus d'occasions et des occasions plus diversifiées d'observer leur patron. En outre, dans la mesure où le supérieur a une influence sur la carrière, il est normal qu'on évite de faire remonter jusqu'à lui les problèmes mal résolus, alors qu'ils n'échappent pas aux subordonnés ;

– ses *collègues* et ses *pairs*. De plus en plus souvent, les ressources humaines d'une organisation sont structurées en équipes de projet. Dans ce cas, les collègues appartenant à la même équipe sont des évaluateurs potentiels importants. Il est également possible de concentrer le 360° sur le fonctionnement de l'équipe en se limitant à ses membres – ceci à condition que le questionnaire utilisé ait été construit dans ce but. D'une manière plus générale, les pairs sont des sources d'informations essentielles. On entend par « pairs » des personnes qui sont de même niveau que le participant, qui le connaissent mais qui peuvent appartenir à différents services dans l'entreprise. Enfin, lorsque les équipes de projet sont dissoutes dès que l'objectif est atteint, il est tout à fait possible que les rôles respectifs s'inversent, le responsable de l'équipe qui a fini son travail faisant partie d'une nouvelle équipe, dirigée, cette fois, par un membre de l'équipe précédente. Dans ce cas, on peut considérer ces deux personnes comme des pairs ;

- ses *clients*. Il peut s'agir de clients internes, à qui la personne qui fait le 360° fournit un service ou un produit ; ou bien de clients externes. Le 360° peut alors remplacer ou compléter les enquêtes de satisfaction auprès des clients ;

- ses *fournisseurs*. Ceux-ci ont l'occasion de voir le participant se comporter sans contraintes, dans la mesure où c'est lui qui est en position d'être « exigeant » ;

- ses *amis, les membres de sa famille*. Il ne faut pas négliger la possibilité d'interroger des amis, et également des membres de la famille, parce qu'ils ont l'occasion de voir le participant sous des angles et dans des situations différentes de celles du travail.

Il n'est évidemment pas possible d'interroger à chaque fois tous les membres de la liste qui vient d'être donnée. Et le choix va dépendre des situations et des objectifs. Mais il faut retenir que ce choix est important parce que c'est la multi-évaluation qui fait l'originalité de la méthode à 360°. Il y a en fait trois choix successifs à faire. D'abord les catégories d'évaluateurs qui vont être sollicités, puis le nombre minimum de personnes dans chaque catégorie, nombre destiné à préserver l'anonymat des réponses puisque celles-ci seront « moyennées ». Ensuite, les individus eux-mêmes dans ces différentes catégories. En règle générale, ce dernier choix est laissé aux participants, mais on peut leur donner des indications concernant le nombre minimum d'évaluateurs et les catégories auxquelles ils doivent appartenir. Par exemple, le nombre des évaluateurs, ou leur appartenance à différents départements de l'entreprise, ou encore leur ancienneté peut être imposé. Dernier point, il n'y a pas de raisons de fixer une limite maximum au nombre d'évaluateurs dans chacune des catégories. Il peut toutefois être utile, s'ils sont trop nombreux dans une catégorie, de les subdiviser en fonction de leur expérience professionnelle, de leur type d'activité, de leur ancienneté dans l'entreprise ou de leur âge.

Le fait de laisser le participant maître de choisir ses évaluateurs surprend les nouveaux utilisateurs d'un 360°. On peut craindre que seuls soient sollicités des observateurs avec qui le participant s'entend bien, de manière à recevoir un portrait flatteur. Deux commentaires peuvent être faits sur ce point. D'abord, il est nécessaire de bien souligner, au moment où on présente les règles du jeu, que les résultats des évaluations sont strictement confidentiels et qu'un seul exemplaire du rapport de restitution sera remis au consultant qui s'engage à le donner en main propre au participant, et à lui seul. Aucune des informations contenues dans le rapport de restitution ne sera communiquée à la hiérarchie et il n'y a pas lieu de craindre que ces évaluations soient utilisées pour justifier des décisions concernant l'affectation ou le salaire. En outre, le 360° apporte des données irremplaçables et plus utiles pour le développement personnel que le ne sont les notations professionnelles traditionnelles. La personne qui fait le 360° a donc tout intérêt à profiter de cette opportunité pour recevoir des informations complètes, diverses, sincères et confidentielles.

D'autres éventualités existent en ce qui concerne le choix des observateurs. On peut, par exemple, en laisser le choix au responsable des ressources humaines ou encore tirer au sort parmi tous les notateurs possibles. Mais ces façons de faire ont un inconvénient : le participant ne saura pas d'où viennent les évaluations quand il recevra le rapport de restitution. Et le travail de réflexion sur ce qui explique les évaluations reçues sera rendu plus difficile s'il ne sait pas qui les a faites. Il est aussi possible de faire participer tous les évaluateurs potentiels, mais c'est alors une démarche très lourde, non seulement parce que le rapport de restitution va concerner de nombreuses catégories d'observateurs, mais également parce que chacun d'entre eux aura forcément de nombreux questionnaires à remplir. Bref, la meilleure façon de faire consiste à laisser le participant choisir en lui donnant des indications, plus ou moins contraignantes selon les cas, sur le nombre et la diversité des observateurs.

Par ailleurs, les rapports de restitution peuvent réserver des surprises. Les descriptions données par un groupe d'observateurs que le participant a choisi parce qu'il espère obtenir un portrait bienveillant sont souvent plus sévères que prévu. Cela s'explique de plusieurs manières. D'abord, dans des conditions de confidentialité, les personnes qui ont de la sympathie pour quelqu'un peuvent se dire qu'elles lui rendent service en soulignant ses points faibles. Ensuite, les questions d'un 360° sont claires, spécifiques, et le fait qu'elles concernent des compétences concrètes les rendent peu soumises à l'effet d'indulgence. Enfin, les réponses sont regroupées dans le rapport de restitution en dimensions définies par les analyses statistiques effectuées pour construire le questionnaire. Ces regroupements ne sont pas transparents, de telle sorte que la personne qui évalue peut difficilement biaiser le profil final.

On peut également craindre le phénomène inverse, quand un observateur utilise cette possibilité d'exprimer anonymement ce qu'il pense depuis longtemps sans avoir osé le dire. Il arrive même que ce soit le participant qui provoque ce genre de sincérité. Un dirigeant de PME qui avait décidé de stimuler le développement personnel des cadres de son entreprise en organisant un 360° pour toute son équipe de direction a souhaité donner l'exemple en étant le premier à réaliser son 360°. Puisqu'il n'avait pas de supérieur, et à l'insu du consultant qui organisait l'opération, il a demandé à un cadre en retraite, qui avait longtemps travaillé avec lui comme directeur des ressources humaines, de jouer le rôle du supérieur, et... de ne pas l'épargner. Cet aspect « règlement de comptes » n'est pas l'objet d'un 360°, dont l'utilisation doit être constructive. Dans le cas décrit ci-dessus, comme les évaluations sont présentées d'abord de manière synthétique, sous la forme du profil global donné par l'ensemble des observateurs, ce profil a été fortement affecté par la description péjorative de ce seul évaluateur. Pour éviter ce genre de dérive, il est possible d'intégrer, dans le programme informatique de calcul des moyennes, l'ordre d'éliminer les évaluations qui s'écartent trop de la moyenne générale, en bien ou en mal.

Dernier point : combien faut-il prendre d'évaluateurs dans chaque groupe ? La question ne se pose pas, en général, pour le supérieur hiérarchique, qui est le seul de sa catégorie. En revanche, pour les autres catégories, il faut un minimum de trois notateurs si on souhaite que la moyenne de leurs évaluations, présentées dans le rapport de restitution des résultats, garde un caractère confidentiel. Dans la plupart des cas, la personne qui gère le 360° indique ce seuil et précise que si seulement deux réponses sont données par catégories, ces réponses seront « moyennées » avec celles d'une autre catégorie.

EN QUOI LE 360° DIFFÈRE-T-IL DES MÉTHODES CLASSIQUES DE NOTATION ET D'ENQUÊTE ?

Les indications données ci-dessus montrent combien, sous l'apparence familière d'un questionnaire, le 360° est une méthode qui se distingue des instruments classiques d'évaluation. On peut, avec Ward, identifier avec précision ces différences[1].

À la différence des questionnaires à 360°, les *enquêtes* sur le moral ou sur les attitudes et les besoins du personnel combinent souvent un questionnaire avec des entretiens individuels ou en groupe. En outre, les questions posées concernent essentiellement le climat de l'entreprise, les relations humaines et les sources de satisfaction. Et l'échantillon de personnes interrogées doit, impérativement, être représentative de l'organisation. De plus, les résultats de ce type d'enquête sont en général réservés à ceux qui l'ont organisée et ne sont pas communiqués aux personnes qui ont répondu. Ce n'est évidemment pas le cas des 360° : les résultats sont remis exclusivement au participant qui choisit lui-même les observateurs. Pourtant les données recueillies avec un 360° peuvent également apporter des informations précieuses sur l'organisation. Il est en effet possible d'utiliser, sans trahir la confidentialité des résultats individuels, un ensemble de dossiers de restitution, pour faire un « rapport de groupe ». Ceci sur deux aspects : lorsque le questionnaire 360° comporte une section sur l'importance des compétences inventoriées, il peut être intéressant de dresser un tableau, compétence par compétence, de la fréquence avec laquelle chacune a été retenue parmi les plus importantes, et de comparer ces fréquences avec la vision et les stratégies de l'organisation. Ce qui peut alerter l'entre-

---

1. Peter Ward (1997), *360-degree feedback*, Institute for Personnel and Development, Londres.

prise sur la nécessité de renforcer la communication concernant ses valeurs et sa stratégie. Par ailleurs, il est possible de cumuler les scores qui ont été attribués pour évaluer les compétences individuelles afin de faire un profil collectif des compétences d'un service ou d'un département. Et cette information peut utilement guider les programmes de formation. Ainsi, dans le cas d'un 360° qui concerne les compétences managériales, on pourra diagnostiquer, de manière très fiable, le niveau de compétences comme la communication, la « visibilité » donnée aux contributions des collaborateurs, la délégation..., ce qui permet de comparer ces paramètres dans différents segments de l'entreprise, de chercher ce qui explique les disparités observées, et d'envisager une politique qui vise à développer les compétences faibles, et à utiliser les compétences fortes.

À la différence des questionnaires à 360°, les *tests d'aptitudes*, comme les *questionnaires de personnalité,* ont pour objet d'apporter à des décideurs chargés de gérer le recrutement, la mobilité, la carrière du personnel, des informations dont la synthèse leur permettra de prendre une décision. On peut dire que ces instruments classiques cherchent une évaluation aussi objective et véridique que possible. Alors que les questionnaires à 360° décrivent la réalité telle qu'elle est perçue par l'entourage de la personne qui fait le 360°. A telle enseigne que les profils 360° de la même personne, obtenus dans des situations de travail différentes, peuvent varier sensiblement. L'objectif du 360° est donc différent de celui qui caractérise ces outils classiques de diagnostic. Il vise à faire réfléchir sur l'image qu'on donne à d'autres, à comparer cette image avec la manière dont on souhaite être perçu, et avec les images qu'on a construit de soi dans d'autres circonstances. Mais pas à apporter un diagnostic inattaquable sur soi. Ce qui n'empêche pas que lorsque tous les observateurs – et soi-même – sont d'accord sur l'évaluation d'une compétence, il y a de fortes chances pour que cette évaluation corresponde à un diagnostic exact.

Au total, le 360° n'est pas une nouvelle forme de *notation professionnelle.* La plupart des organisations utilisent un système de notations qui sert à la gestion des ressources humaines. Il permet, en effet, l'attribution des primes et des récompenses à valeur motivante ; il contribue à la gestion des successions et à l'identification des potentiels. Dans le cadre du management par objectif, il permet de comparer la performance aux objectifs, d'identifier les causes éventuelles d'un but non atteint et de fixer les objectifs à venir. Ce n'est pas le cas des 360° qui évaluent des compétences, et pas des performances, et le font dans un contexte de développement à venir et pas d'évaluation rétrospective. L'idée d'utiliser, pour obtenir des notations professionnelles plus complètes, non seulement le jugement des supérieurs, mais aussi celui des échelons hiérarchiques situés en-dessous de la personne notée constitue une démarche digne d'intérêt, mais qui ne se substitue ni aux indications ni aux fonctions d'un 360°.

Ce qui n'empêche pas que les questionnaires 360° aient des *points communs* avec les instruments classiques d'évaluation. Notamment, les questions posées ne comportent ni bonnes ni mauvaises réponses – c'est le cas, également dans les questionnaires de personnalité. L'important, c'est donc d'obtenir des réponses sincères et qui correspondent le plus près possible à la réalité. Autre point commun, cette fois-ci avec les très nombreux tests d'aptitudes : les 360° concernent des comportements observables, à cette importante différence près que les tests d'aptitude permettent d'observer directement ces comportements alors que le questionnaire 360° est un appel à témoignage, et que les compétences qui sont décrites reflètent non pas des aptitudes qu'on cherche à isoler mais des comportements qui mettent en jeu un ensemble de paramètres différents – notamment les aptitudes, les connaissances, les valeurs, la volonté d'atteindre un but donné, le savoir-faire et les qualités de personnalité nécessaires pour l'atteindre.

COMMENT GÉRER LE 360° ?

Le déroulement du processus à 360° comporte trois étapes principales, bien différentes de celles qui caractérisent la passation de tests d'aptitude ou de questionnaires de personnalité.

Première étape – Distribution du matériel et des consignes aux participants

Cette étape demande une attention particulière. Si le principe du 360° n'est pas encore connu dans l'organisation, il est utile de communiquer à l'avance des informations générales sur la méthode, notamment pour souligner qu'il ne s'agit pas d'un nouveau système de notations professionnelles et que les résultats n'auront aucun impact sur les paramètres que ces notations déterminent – primes, salaires, promotions... Si le 360° n'est pas du tout familier, il peut être également nécessaire de donner aux futurs participants l'occasion d'exprimer leurs craintes et leurs soucis.

Dans tous les cas, il faut organiser une réunion de présentation qui permettra :

- de préciser les objectifs du 360°,

- d'indiquer en quoi ces objectifs sont liés à la stratégie et à la culture de l'entreprise,

- d'expliquer, en détail, l'organisation du 360°, y compris la manière dont la confidentialité est assurée,

- de donner des informations sur les procédés de calcul des scores et d'élaboration des rapports,

- d'indiquer comment les observateurs seront choisis, leur nature et leur nombre.

Le gestionnaire du 360° doit être en mesure de suivre le cheminement des questionnaires, et de savoir quand l'ensemble des évaluations ont été faites et envoyées au service chargé de les traiter. D'où l'intérêt de faire remplir par chacun des participants une « feuille de route » qu'il joindra à son auto-description et où il indiquera le nombre de personnes de chaque catégorie à qui il a demandé de remplir un questionnaire. C'est, en effet, la seule façon pour le service qui traitera les réponses et préparera le rapport de restitution de savoir quand tous les questionnaires distribués par un participant ont été remplis et retournés, de telle sorte que le traitement des réponses puisse être fait. Il est bon de faire préciser sur cette feuille qui est le consultant chargé de gérer le 360°, de manière à ce qu'il puisse être contacté par le service gestionnaire en cas de problème dans la récolte des données, et être informé dès que le rapport de restitution est disponible.

On peut profiter de la réunion d'information pour demander aux participants de remplir tout de suite leur questionnaire d'auto-description ainsi que leur feuille de route, en même temps qu'on leur donne le matériel nécessaire pour gérer eux-mêmes la distribution des questionnaires aux différents groupes d'observateurs.

Il est bon d'insister sur cette participation active, sur le fait que les réponses des observateurs sont strictement confidentielles, et que c'est le participant lui-même qui a la charge de l'indiquer aux évaluateurs qu'il choisit en leur expliquant comment cette confidentialité est gérée. Ce qui signifie de donner aux observateurs des enveloppes pré-adressées afin qu'ils envoient eux-mêmes leurs feuilles de réponses au service gestionnaire du 360°, de leur recommander de ne mettre sur ces feuilles que le nom de la personne qu'ils décrivent, et pas leur nom, et enfin, de leur expliquer que les évaluations qu'ils vont donner seront moyennées avec les évaluations des observateurs du même groupe. On peut également donner aux participants une note qui récapitule les règles du jeu et qu'ils pourront utiliser pour informer les observateurs.

Par ailleurs, le calendrier des opérations doit éviter les surcharges de travail pour les observateurs. C'est particulièrement le cas lorsque tous les cadres d'un service ou d'un département sont concernés par un 360°. Le responsable du service va alors avoir un nombre important de questionnaires à remplir dans une courte période. Etaler les opérations dans le temps facilitera son travail. Enfin, il est bon d'insister auprès de tous les observateurs sur la nécessité de remplir et de renvoyer les questionnaires rapidement, faute de quoi ces questionnaires risquent de se retrouver au fond du panier à courrier, ce qui bloque le traitement des réponses.

La récolte des données peut se faire de différentes manières, selon qu'on utilise plus ou moins les ressources de la technologie. Chacune a des avantages et des inconvénients.

- La solution la plus simple consiste à présenter le questionnaire sur papier, avec une feuille de réponses ordinaire. Les réponses sont ensuite saisies par un opérateur, et entrées dans un logiciel de correction. C'est une solution pratique du point de vue de la mise au point matérielle du questionnaire, et qui ne demande aucune formation des participants ni des observateurs. Mais elle a l'inconvénient de rendre l'anonymat des réponses moins crédible, et de faire redouter que les questionnaires remplis ne soient conservés dans un dossier de personnel. En outre, le travail de saisie est coûteux et présente des risques d'erreur.

- Pour éviter ce dernier inconvénient, on peut utiliser des feuilles de réponse scannables qui ont l'inconvénient d'exiger un travail technique de préparation mais qui ne demandent pas de formation particulière à l'utilisateur.

- On peut avoir recours à un simple téléphone. Le participant et les observateurs préparent leurs réponses et les entrent dans le système en utilisant les touches du téléphone. Dans ce cas, on peut craindre que les personnes qui répondent ne fassent des erreurs de transcriptions, qu'elles ne prennent pas au sérieux ce type de questionnement et qu'elles doutent de la confidentialité de leurs réponses. Mais cette méthode requiert seulement des instructions simples, et est accessible à tous ceux qui ont accès à un téléphone.

- Les avantages de la solution précédente concernent également la solution qui consiste à envoyer les feuilles de réponse par fax au service chargé de les exploiter. Mais la confidentialité des réponses peut paraître incertaine et le risque d'erreurs faites par les personnes qui répondent demeure. Mêmes remarques pour les réponses envoyées par courrier électronique, avec la difficulté supplémentaire liée au fait qu'il est plus facile d'avoir accès à un fax qu'à un ordinateur connecté à Internet. Mais c'est une méthode de collecte des données très intéressante pour une grande organisation qui dispose d'un réseau Intranet. Dans ce cas, le questionnaire est accessible sur le service de messagerie réservé à l'entreprise. Et il peut être envoyé par le participant aux observateurs qu'il a choisis. Chaque participant reçoit un code d'entrée secret qui lui garantit la confidentialité de ses réponses. Au lieu de donner des documents à remplir, il indique, aux observateurs qu'il sollicite, la manière (adresse et code d'entrée) d'avoir accès aux questionnaires qui le concernent. Les consignes s'affichent sur l'écran, avec des possibilités de réponses aux questions que le participant peut souhaiter poser. Le logiciel relance les observateurs qui n'ont pas fait leur travail et produit le rapport de résultats dès que tous les documents sont accessibles. Ce rapport peut ensuite être imprimé ou envoyé par Internet au consultant qui gère le 360°, à charge à lui de le remettre au participant. Autrement dit, toute la procédure est gérée par le réseau Intranet ou Internet, sauf la communication des résultats au participant, qui exige une possibilité de dialogue, donc la présence d'un interlocuteur compétent.

Notons que, dans ce cas, l'anonymat des réponses est évident et la formation nécessaire aux personnes qui répondent est très rapide, surtout si elles ont déjà l'habitude d'utiliser l'intranet pour d'autres activités. En outre, les données anonymes peuvent être conservées pour les besoins de la recherche et pour élaborer des diagnostics concernant l'ensemble de la population active de l'entreprise.

Chaque questionnaire renseigné, que ce soit sur papier ou sur écran, doit impérativement comporter le nom de la personne décrite, et son nom seulement. Il est bon que le participant y veille lui-même, éventuellement en inscrivant son nom sur les questionnaires qu'il distribue ou qu'il envoie. En outre, le statut de l'observateur, c'est-à-dire le fait qu'il s'agit du supérieur, d'un pair, d'un collaborateur... doit être clairement mentionné sur la feuille de réponse, ou sur l'écran. Enfin, pour permettre de poursuivre la recherche sur le 360° utilisé, notamment pour continuer à élaborer et à vérifier les étalonnages, il peut être utile d'avoir un peu plus d'informations sur le répondant, notamment l'ancienneté de ses relations avec la personne qu'il décrit, et son ancienneté dans l'entreprise.

Deuxième étape - Gestion des dossiers de 360°

Elle consiste essentiellement à suivre le déroulement des opérations de manière à pouvoir traiter les dossiers dès qu'ils sont complets. Si des problèmes se posent en cours de route, il est préférable que le service gestionnaire du dossier concerné contacte le consultant qui accompagne la démarche du 360° et pas directement le participant. Il peut arriver qu'au bout d'un laps de temps raisonnable – en général de deux semaines –, une ou plusieurs des feuilles de réponses qui figurent sur la feuille de route du participant manquent à l'appel. Comme les feuilles de réponses sont anonymes, le gestionnaire du dossier ne peut pas savoir quel observateur n'a pas rempli son questionnaire mais il peut signaler que le dossier n'est pas complet et préciser à quel groupe d'observateurs appartient le questionnaire défaillant. Il peut arriver que les participants et les observateurs aient des questions à poser en cours de route. Mettre à leur disposition un numéro de téléphone ou de télécopie qui leur permette d'avoir les renseignements qu'ils souhaitent constitue une facilité appréciée.

Quand le dossier est complet et prêt à être traité, le document de restitution peut être élaboré, en général grâce à un logiciel informatique et dans le respect des règles de confidentialité. Ce qui signifie que les réponses des observateurs appartenant au même groupe seront « moyennées ». Si il n'y a qu'un ou deux répondants dans un des groupes d'observateurs, ces réponses seront moyennées avec celles d'une autre catégorie, ou simplement non traitées. En général, le recueil des données se déroule sans difficulté. Cependant, des problèmes matériels risquent de survenir pendant cette phase. Les observateurs négligent parfois d'indiquer quel est leur statut professionnel par rapport au participant, c'est-à-dire de préciser s'ils sont un collaborateur, un pair ou le supérieur de ce participant. Une manière d'éviter ce problème consiste à demander au participant d'indiquer lui-même cette information sur les feuilles de réponses avant de les donner aux différents observateurs, ou encore de disposer de feuilles de réponses de couleur différente pour chacun des groupes d'observateurs. Ces précautions éviteront le second problème, qui survient lorsque le nombre de feuilles de réponses qui

revient est plus élevé que celui annoncé par le participant. Dans le
même esprit, il est recommandé de dire au participant d'inscrire lui-
même son nom sur les feuilles de réponse qu'il distribue aux observateurs. Toutes ces précautions sont plus faciles à faire respecter
lorsque le 360° est géré sur Internet ou Intranet. Enfin, le problème le
plus fréquent vient des retards dans le retour des feuilles de réponses,
ce qui va à son tour générer un retard dans l'élaboration du rapport
de restitution, ou, pire encore, un rapport incomplet. C'est au participant qu'il faut expliquer clairement le déroulement des étapes afin
qu'il veille lui-même à ce que les observateurs fasse leur travail aus-
sitôt que possible. Il pourra alors insister sur la date limite en remettant les questionnaires aux observateurs et, éventuellement, les
contacter pour s'assurer que le retour du questionnaire a été fait en
temps utile.

Troisième étape - La restitution

Le dossier de restitution est envoyé au gestionnaire du 360° qui en a
la responsabilité. Il faut noter, en effet, que ce document est riche
d'informations, souvent inattendues, parfois plus critiques que le
participant ne l'aurait cru. Il est donc préférable que sa restitution
soit accompagnée par un consultant spécialiste du conseil en développement. En outre, il est important que la présentation matérielle
du rapport de restitution en facilite la lecture, surtout lorsqu'il y aura
peu d'aide disponible pour soutenir l'analyse individuelle du rapport. Ce rapport peut comporter des graphiques, des tableaux, un
texte explicatif. Il est bon que des indications guident le lecteur et lui
évitent des recherches et des calculs fastidieux, tel que le repérage
des items ayant obtenu les plus forts et les plus faibles scores, des
questions pour lesquelles les réponses sont fortement dispersées, des
plus forts décalages entre son évaluation et celle des autres ou encore
entre les différentes évaluations données par les autres.

La restitution comporte forcément un aspect technique qui peut être
fait en groupe et un aspect psychologique qui varie beaucoup selon
les instruments et selon les situations. Les rapports de restitution
comportent souvent une abondance de données, parfois présentées

sous une forme symbolique qui doit être expliquée. Il faut aussi décrire la manière dont les scores ont été calculés, et prendre garde au fait que la coexistence dans le même rapport de données sur l'importance des compétences, sur l'évaluation de ces mêmes compétences, et sur la manière dont elles sont jugées par soi et par les autres représentent des données inhabituelles. Et également que la présence de notes normées et de scores bruts demande des explications sur la manière dont les normes ont été construites, sur la manière dont elles sont utilisées, et sur ce qui justifie cette complication supplémentaire.

Il existe un grand nombre de possibilités en ce qui concerne le format des rapports de restitution. Le choix à faire tiendra compte de la clarté du résultat et de la présence des détails nécessaires. Un juste milieu doit être trouvé entre trop et trop peu d'informations. Un déluge de données décourage le lecteur, mais des résultats trop résumés le laissent sur sa faim. En particulier, ne donner que les scores correspondant aux échelles de compétence ne suffit pas à faire comprendre comment ces scores ont été obtenus, à quels comportements ils correspondent, donc à quel effort de développement ils doivent conduire. Prenons, avec Ward, l'exemple de la compétence « prendre des responsabilités et assurer le contrôle de la situation[1] ». Connaître son score ne suffit pas. Comment, par exemple, savoir quels types de responsabilité posent problème ? En ayant accès aux comportements spécifiques qui ont servi de base au score global de chaque compétence, ce qui permettra de rechercher quelles expériences précises ont conduit les observateurs à donner le score obtenu. La figure 1 (page 35) reproduit une partie d'une page du rapport de restitution qui indique non seulement les scores donnés, pour la compétence concernée, par l'ensemble des observateurs et par le participant, mais aussi les scores donnés à chacun des items qui composent la compétence. En outre, il est important de savoir s'il y a unanimité des différents observateurs sur le score de cette compétence. Pour pouvoir réaliser une comparaison valable, il faut

---

1. Peter Ward (1997), *360-Degree feedback, op. cit.*

tenir compte des perspectives propres à chaque groupe d'observateurs, perspectives qui sont dues aussi bien à la nature de leurs attentes qu'aux occasions qu'ils ont eu d'observer le participant. Ce qui est possible si on dispose d'étalonnage pour chaque groupe, de manière à situer les scores bruts par rapport à ceux donnés par un large ensemble d'observateurs de la même catégorie. D'où l'intérêt d'un tableau (comme celui reproduit sur la figure 2 page 36) qui donne les scores « normés » des différents groupes d'observateurs, c'est-à-dire les scores situés par rapport aux étalonnages établis pour l'ensemble des participants et pour chacun des groupes d'observateurs qui ont utilisé la procédure à 360°. D'autres informations peuvent encore faciliter l'analyse des résultats, notamment la liste des items qui ont obtenu, de la part des différents groupes d'observateurs, les scores les plus élevés ou les scores les plus faibles, ou encore ceux pour lesquels les différences entre les scores d'auto-évaluation et les scores attribués par les observateurs accusent les différences les plus fortes.

Mais le détail ne doit pas empêcher d'obtenir également une vue d'ensemble des résultats. Dans ce but, il est utile de présenter l'ensemble des scores de compétences, par groupe d'observateurs, soit sous la forme d'un tableau, soit encore sous la forme d'un graphique (comme, par exemple, celui reproduit sur la figure 3 page 36). Enfin, de nombreux questionnaires construits afin d'être utilisés en 360° interrogent sur l'importance de chacune des compétences mesurées pour la poursuite de la carrière. Faciliter le repérage simultané des scores obtenus et de l'importance de chacune des compétences (comme, par exemple, dans la figure 4 page 37), et ceci selon les différents groupes d'évaluateurs, peut attirer l'attention du participant sur les priorités de développement.

Cela dit, le rapport de restitution ne doit pas permettre l'économie d'une réflexion personnelle. Bien souvent, en effet, les personnes qui font un 360° et qui ont réalisé que l'instrument s'inscrit dans le cadre d'un développement personnel s'attendent à trouver dans le rapport de restitution un plan de développement sur mesure, prêt à être appliqué, un peu comme s'il s'agissait d'une ordonnance faite par un médecin. Alors qu'il n'y a pas, en conclusion d'un 360°, un « conseil de développement » comme on peut avoir un conseil d'orientation au terme d'une procédure d'orientation professionnelle. La restitution d'informations doit être suivie par un travail personnel d'interprétation que seul le sujet lui-même peut faire parce qu'il est le seul à connaître en détail le contexte social, technique et culturel de l'organisation et du service dans lesquels il travaille. Il faut donc qu'il puisse entrer dans le détail des informations qui lui sont restituées, qu'il sache comment sont calculées les notes qui ont servi à élaborer les profils, comment les scores individuels ont été agrégés, et comment les normes ont été établies puis utilisées.

Il ne faut pas oublier de justifier la présence de notes « normées » parce qu'elles compliquent le tableau. Dans la plupart des cas, en effet, le rapport de restitution fournit des notes brutes qui sont de simples moyennes des scores attribués aux items concernant une même compétence. Et également des notes normées qui permettent de situer les réponses par rapport à celles données par des personnes appartenant aux mêmes groupes d'observateurs. Deux raisons à ce surcroît d'information. D'abord, il est intéressant de pouvoir se positionner par rapport à un groupe de référence qui vous concerne – les cadres français pour un participant français, les cadres belges pour un participant belge... De ce fait, un score qui peut paraître élevé semblera moins bon si on le compare aux scores obtenus par son groupe de référence. Et inversement, un score qui déçoit sera peut-être perçu de manière moins pessimiste lorsqu'il pourra être comparé aux scores obtenus par le groupe de référence. Par ailleurs, lorsque le participant compare, compétence par compétence, les scores qui lui ont été attribués par les différents groupes d'observateurs, il note, en général, des différences significatives. Ce qui n'est pas étonnant puisque ces différents groupes ont des occasions dissemblables d'observer le participant, et probablement aussi, des points de vue et des attentes variés. En comparant les scores bruts, on ne peut pas tenir compte de ce biais. D'où l'intérêt de ne comparer que des scores normés, c'est-à-dire calés par rapport aux scores donnés par les observateurs de la même catégorie.

Les rapports d'un 360° sont souvent accompagnés d'un guide qui en facilite la lecture et l'utilisation. Ce guide peut également concrétiser un des principes qui est à la base des 360° – le fait que les compétences sont développées par des expériences spécifiques. Il comportera donc des conseils sur la recherche des expériences qui peuvent permettre d'acquérir de nouvelles compétences. Ce document a un autre mérite, celui de pouvoir rendre concret, pour les responsables d'une organisation qui réfléchissent à l'utilisation d'un 360°, les démarches de développement qu'envisageront les participants.

En conclusion de ce chapitre, il faut souligner à nouveau que l'objectif d'un 360° est bien le développement des compétences individuelles. Et faire, à ce sujet, deux commentaires. D'abord les étapes que nous venons de décrire semblent être la meilleure manière de respecter la philosophie du 360°. A savoir pas l'aspect « gadget » d'un instrument qui permet seulement de savoir ce que les autres pensent de soi, mais un processus qui répond à la volonté de mettre en œuvre un développement personnel. Et de le faire sur l'initiative de la personne concernée et pas sur l'ordre ou même sur le conseil pressant de quelqu'un d'autre. L'expérience montrera probablement que des variantes de la procédure décrite ici sont possibles – à condition de respecter cet objectif et cette répartition des rôles. Ensuite, nous avons insisté sur la confidentialité du 360°, et notamment sur le fait que les résultats ne sont communiqués qu'au participant lui-même. Celui-ci peut, bien évidemment, décider de les montrer, en tout ou en partie, à qui il veut, si cela est nécessaire à son plan de développement et à ce qu'il souhaite pour sa carrière. Pourtant, cette limitation du 360° à des activités de développement a été remise en cause récemment et l'utilisation du 360° comme moyen d'améliorer la notation professionnelle a été défendue, avec, à l'appui, des exemples concrets[1]. Cette éventualité ne sera pas envisagée en détail ici, parce qu'elle s'inscrit dans un tout autre contexte, celui des notations professionnelles.

---

1. D.W. Bracken, M.A. Dalton, R.A. Jacko, C.D. McCauley, V.A. Pollman (1997), *Should 360-Degree Feedback be used only for developmental purposes ?* Center for Creative Leadership, Greensboro.

▼ Pratiquement, on peut retenir que :

Le 360° diffère, dans ses principes et dans son application, des instruments classiques d'enquête et d'évaluation...

... Ce qui implique un effort de communication lorsque le 360° est introduit pour la première fois dans une organisation, effort portant surtout sur l'objectif du 360°...

... Et sur la manière dont l'anonymat et la confidentialité sont respectés ainsi que sur l'usage qui sera fait des résultats obtenus. Ce qui signifie que la procédure de recueil et de traitement des données doit être exposée en détail et les étapes décrites clairement.

La gestion des questionnaires et la production du rapport de restitution doivent être confiées à un service spécialisé.

Le choix des observateurs est laissé au participant, avec, cependant, des indications qui peuvent être plus ou moins contraignantes sur leur nombre et leur catégorie.

Il est utile d'indiquer une date limite pour la remise des questionnaires renseignés.

Il est important de prévoir un calendrier qui évite au même observateur d'avoir beaucoup de questionnaires à remplir dans un court laps de temps.

L'ensemble du processus est géré par un consultant, interne ou externe à l'organisation.

La teneur et la présentation du rapport de résultats doit inciter à la réflexion personnelle, mais pas la remplacer en donnant des conseils de développement. Seul le participant connaît la situation, et les observateurs qu'il a choisis ; c'est donc lui seul qui peut interpréter et analyser les résultats.

Et surtout, tout doit être fait pour que le processus du 360° apparaisse aux participants comme crédible, confidentiel et utile.

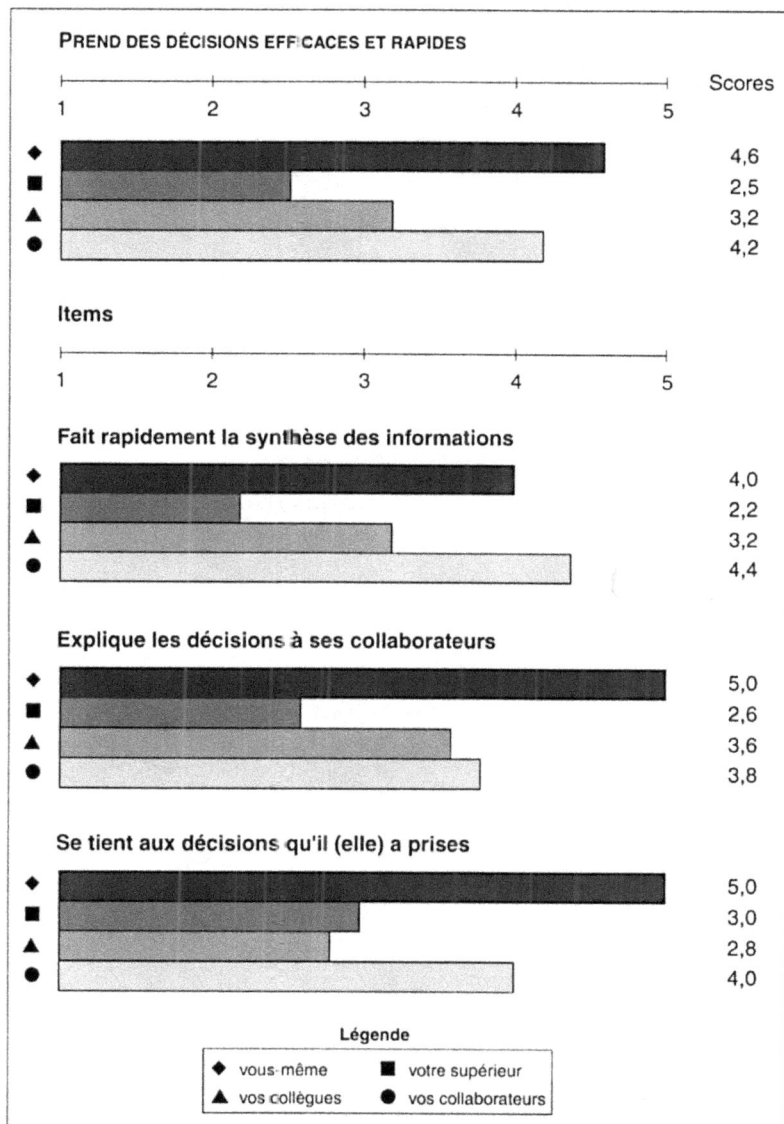

Figure 1. Exemple d'une page de rapport de résultat

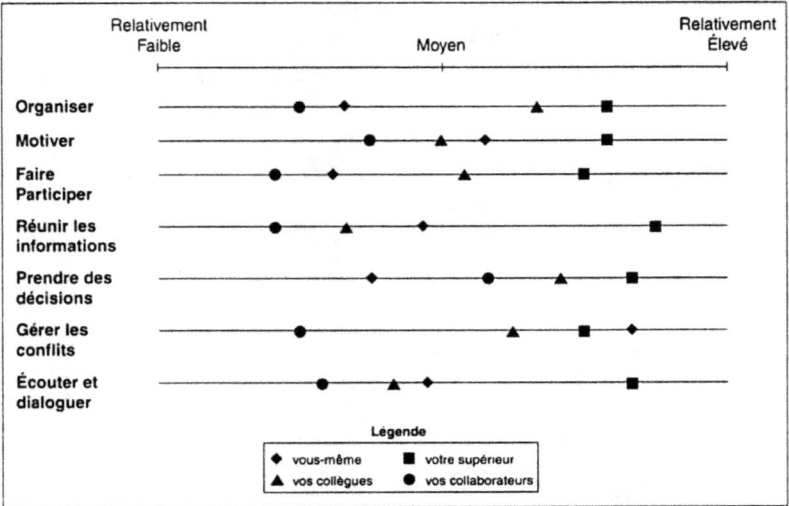

Figure 2. Exemple de scores nommés

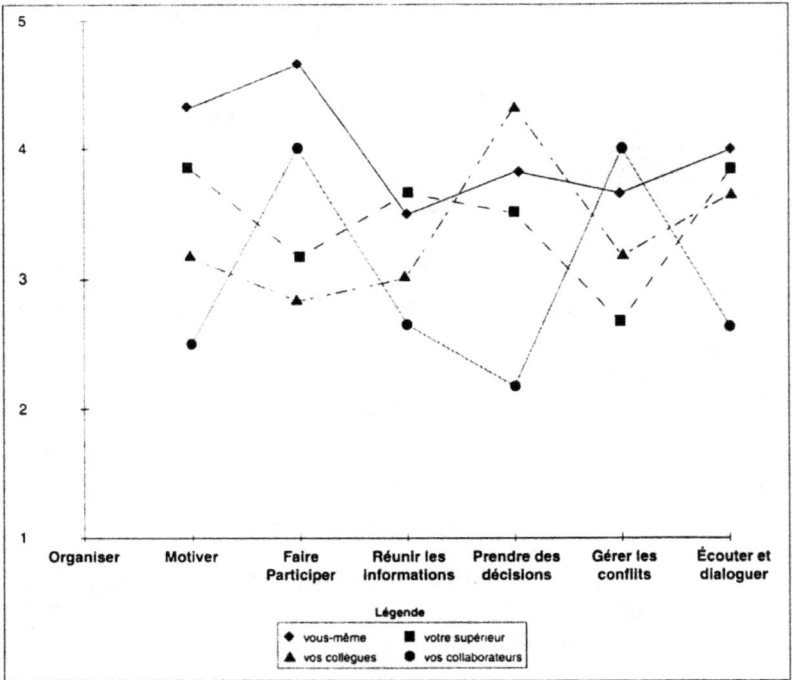

Figure 3. Exemple de profil graphique

Compétences	FAIT PARTIE DES 5 PLUS IMPORTANTES, SELON...			SCORES	
	Vous	Votre Supérieur	Tous les observateurs	Votre score	Score moyen de tous les observateurs
Motiver le personnel	X	X	XXX	4,5	3,8
Gérer son équipe		X		3,8	4,2
Recueillir les informations			XX	4,2	3,7
Déléguer	X			3,2	3,0
Faire participer			XXX	4,2	3,6
Informer ses collaborateurs				4,3	4,8
Organiser	X	X	XX	3,8	3,6
Gérer les conflits	X			3,2	4,4
Résoudre les problèmes				3,6	4,2
Défendre ses projets		X		4,6	4,2

Figure 4. Scores et importance des compétences

Chapitre 2

Choisir ou construire un 360°

Un questionnaire à 360° doit avoir été construit spécialement pour cet usage, selon des principes différents de ceux qui guident le développement des instruments destinés à faire un diagnostic, d'aptitude ou de personnalité, afin de contribuer à une prise de décision. Certes, les qualités métriques traditionnelles, notamment la fidélité de contenu, restent essentielles. Mais l'objectif particulier des instruments à 360° crée des exigences spécifiques.

Pour bien comprendre ces différences, il est utile de rappeler que trois catégories d'objectifs amènent à faire une évaluation des individus. Le premier cas concerne la *mesure des performances* accomplies et des résultats atteints, essentiellement dans une perspective de contrôle, voire de sanctions ou de récompenses. Mesures qui utilisent, lorsque c'est possible, des critères objectifs de performance (chiffres de vente, production, bénéfices générés...) et des notations qualitatives, lorsqu'on ne peut pas faire autrement. Il est important, mais toujours difficile à obtenir, que ces mesures de performance soient non contestables, c'est-à-dire qu'elles représentent bien la quantité et la qualité du travail accompli, sans biais ni préjugés. Le second cas concerne les *prises de décision* (recrutement, promotion, mobilité, notamment) qui supposent un pronostic de succès professionnel, donc l'évaluation des caractéristiques individuelles et leur comparaison avec les pré-requis des postes à pourvoir. Qu'on utilise des tests ou d'autres sources d'information pour étayer la décision, ceux-ci doivent être objectifs et prédictifs, c'est-à-dire qu'ils doivent avoir démontré leur fiabilité et leur capacité de pronostic. Troisième cas, le *développement personnel*, pour lequel les questionnaires à 360° jouent un rôle central, pas pour donner des plans de développement préfabriqués, mais pour apporter des informations permettant à chacun de réfléchir à ses besoins, de choisir les compétences qu'il souhaite développer et d'élaborer un parcours de développement en fonction de ses ressources psychologiques et de son environnement professionnel.

En quoi un questionnaire à 360° peut-il contribuer à élaborer un plan de développement personnel ? De deux manières :

- D'abord en donnant des informations sur les compétences que possède le participant. Nous reviendrons dans le chapitre 4 sur le contenu du rapport de restitution et la manière de tirer parti des disparités entre les profils de compétences fournis par les différents observateurs. Ce qui est important pour le moment, c'est de souligner que ces informations doivent concerner des *compétences* qui sont évaluées par le biais des missions et des activités que le participant se juge, ou est jugé, capable d'assurer. Et pas des traits de personnalité, ni des aptitudes.

  Pourquoi est-il important que le 360° traite des compétences ? Parce que nous savons que la personnalité change peu. Il est utile de bien connaître sa personnalité et de savoir la gérer mais très difficile, voire impossible, de la changer profondément. Certes, il y a des aptitudes qui peuvent être développées. Mais la manière de les développer n'est pas évidente, parce que ce sont des concepts abstraits, dont il n'est pas toujours facile d'évaluer l'importance dans un contexte professionnel. Alors que les compétences concernent directement les missions dont l'organisation a la charge, et que leur développement se fait grâce aux leçons tirées des nouvelles expériences de terrain. Un instrument de développement personnel n'est motivant et n'est directement efficace que s'il traite de compétences, parce que les informations qu'il apporte sont directement reliées à l'expérience quotidienne, ainsi qu'aux expériences qu'il suggère de rechercher. Certes, en élaborant son plan de développement, le participant peut être amené à s'interroger sur les autres caractéristiques qui lui sont propres et à souhaiter avoir des informations complémentaires sur ses aptitudes et sa personnalité. Dans cette perspective, il ne faut évidemment pas exclure de l'activité de conseil le recours à des outils classiques d'évaluation. Mais l'objectif d'un 360° n'est pas de tracer un portrait aussi exact que possible des aptitudes et de la personnalité individuelle. C'est d'apporter une description des compétences acquises et à acquérir, et d'inciter à un travail personnel d'analyse des informations qui sont données par les différents notateurs, travail qui constitue le guide et le déclencheur de l'effort de développement.

• L'autre aspect particulier à la procédure à 360° est lié au mode de restitution des résultats. Les résultats des outils classiques se présentent soit sous la forme de notes décrivant la qualité ou la quantité de travail effectué, soit sous la forme de profils ou figurent les scores qui correspondent aux différentes dimensions mesurées, traits de personnalité, aptitudes, intérêts... Mais les résultats communiqués aux participants ne comportent pas de données détaillant les réponses apportées à chacun des items de ces questionnaires, ni d'informations sur le groupement d'items qui ont permis d'obtenir chacun des scores figurant sur le profil. En d'autres termes, le profil et les scores qu'il comporte constituent un résumé des réponses données, résumé justifié par la cohérence statistique des items additionnés sous une même étiquette mais dont la construction n'est pas transparente. C'est un aspect sur lequel les questionnaires à 360° se différencient des autres outils d'évaluation. Comme on l'a vu au chapitre précédent, la restitution porte toujours sur tous les scores donnés à chacun des items, et par chaque groupe d'observateurs. Contrairement aux autres questionnaires, la restitution se fait d'une part sous la forme d'un profil fondé sur l'addition de groupes d'items homogènes, et, d'autre part, sur chacun des items du questionnaire. Et il faut donc que les groupes d'items rassemblés dans une même compétence n'aient pas seulement une cohérence démontrée statistiquement, mais également une cohérence évidente aux yeux du participant qui va analyser ses résultats.

Le choix du questionnaire à 360° est donc important et ne doit pas seulement être tributaire de la présentation graphique, plus ou moins attrayante, des documents, ni du prix de revient... En outre, il faut réaliser que chaque organisation a un domaine de compétences qui lui est propre et que les questionnaires qui sont disponibles sur le marché peuvent ne pas couvrir ces compétences spécifiques. Il y a donc deux choix à faire. En premier lieu, décider si un des questionnaires existants convient à la stratégie de l'organisation, donc à l'objectif de développement qui a été retenu. En second lieu, savoir comment développer un questionnaire sur mesure qui convienne à l'organisation et à sa culture. La décision dépend évidemment du contexte dans lequel on veut implanter un 360° et de l'objectif poursuivi. D'une manière générale, il faut savoir qu'un instrument à 360° est long et difficile à construire si on veut respecter les règles psychométriques classiques. Ceux qu'on trouve sur le marché respectent en général ces règles, mais ils sont « génériques », c'est-à-dire qu'ils concernent un ensemble de compétences susceptibles d'être prises en considération dans beaucoup de situations. Le plus souvent, il s'agit des compétences managériales s'appliquant à toutes les fonctions d'encadrement, au sens large du mot.

Il est évidemment plus coûteux, en temps et en argent, de construire un questionnaire que d'utiliser un instrument existant. Mais dès lors qu'on souhaite tenir compte des particularités du secteur d'activité et de la vision stratégique propre à l'organisation, il faut construire un questionnaire spécifique. Et ne pas se contenter d'une liste de compétences faite à partir d'une analyse superficielle des comportements souhaités, sans s'assurer de la fiabilité de l'instrument. Surtout, le rapport de restitution doit apporter plus que la simple liste d'items du questionnaire, évalués par le participant et par des observateurs. Il est essentiel, pour que les résultats soient bien compris et pour que les comparaisons entre groupes d'observateurs soient réalisables, de pouvoir valablement présenter un profil résumé. Profil qui suppose que des essais expérimentaux ont été réalisés et que le contrôle statistique de l'homogénéité des items agrégés dans chacune des dimensions du profil a été correctement fait. Cela signifie qu'on ne doit pas faire la moyenne des scores concernant un ensemble de comportements seulement parce qu'on a le sentiment qu'ils ont quelque chose en commun...

COMMENT CHOISIR UN QUESTIONNAIRE À 360° ?

Au cas où il ne semble pas indiqué de se lancer dans la construction d'un questionnaire spécifique à l'organisation, il faudra choisir parmi les 360° disponibles celui qui convient le mieux, ce qui suppose de bien connaître les critères de choix. En outre, il est nécessaire de vérifier que les items sont bien construits et faciles à comprendre, qu'ils ne comportent pas deux idées différentes, et, surtout, qu'ils discriminent les répondants. Bref, plutôt qu'un instrument à visée spécifique mais fait à la hâte, il peut être préférable de faire appel à un instrument générique, quitte à le compléter avec un questionnaire qui corresponde aux compétences particulières à l'organisation.

Pour faire ce choix, on peut s'inspirer de la manière systématique de faire proposée par Van Velsor qui décrit les étapes suivantes pour procéder à l'examen des instruments disponibles [1] :

1. Se procurer un spécimen complet du matériel, non seulement le questionnaire mais également le rapport de restitution et les documents qui l'accompagnent, ainsi que le manuel qui décrit la manière dont le questionnaire a été construit et qui donne des informations sur les étalonnages existants.

---

1. E. Van Velsor, J.B. Leslie, J.W. Fleenor (1997), *Choosing 360°. A guide to evaluating multi-rater feedback instruments for management development*, Greensboro, Center for Creative Leadership.

– Recueillir les renseignements disponibles sur le prix, la procédure de collecte et de traitement des données, et sur les conditions de formation exigées pour pouvoir acheter l'instrument.

– S'informer également sur les normes utilisées et la manière dont elles sont mises à jour, sur l'existence de versions en langue étrangère aussi bien pour le questionnaire que pour le rapport, et sur la possibilité de faire remplir le questionnaire par des observateurs de langues maternelles différentes.

– Quand il s'agit de l'adaptation d'un instrument développé dans un autre pays, demander comment a été faite l'adaptation, vérifier que la version française a été validée, notamment en ce qui concerne la compréhension des items, leur réalisme dans une culture différente et la cohérence de la structure factorielle qui justifie l'identification des dimensions du profil.

2. Examiner ces documents de manière à savoir s'ils correspondent au niveau et au type de responsabilités des personnes à qui il est destiné.

    – Regarder également quelles sont les caractéristiques de la population pour laquelle les normes ont été établies.

3. Prendre connaissance de la manière dont le questionnaire a été développé.

    – Comment les items ont-ils été choisis ?

    – Comment les dimensions ont-elles été définies au cours du développement du questionnaire ?

    – Y a-t-il des indices statistiques qui prouvent leur cohérence, c'est-à-dire le fait qu'ils ont des corrélations fortes entre eux ?

    – Ces liens statistiques doivent aussi avoir une signification et ne pas être seulement dus au fait que les personnes qui ont passé la version expérimentale avaient des scores proches sur les items considérés. Le manuel décrit-il les analyses statistiques qui ont permis de passer d'un nombre important d'items dans une première version à un nombre plus restreint d'items discriminants et représentatifs ?

4. Examiner le questionnaire.

   – Comment sont rédigés les items ?

   – Sont-ils clairs, précis et faciles à comprendre ?

   – Concernent-ils des compétences spécifiques, et, mieux encore, des comportements qui explicitent ces compétences ?

   Ce n'est pas là une question seulement formelle. En effet, on a vu que le rapport de restitution comporte l'intégralité des items entrant dans chaque dimension. Les items qui concernent des comportements pourront servir de base à des actions concrètes, susceptibles de faciliter le développement d'une compétence. Alors que la compétence elle-même est souvent définie de manière trop abstraite pour qu'on puisse se représenter les comportements souhaitables. Par exemple, un item comme : « Supervise efficacement le travail de ses subordonnés » n'indique pas quelle amélioration précise pourrait remédier à un score faible. Alors qu'un item comme « Prend le temps d'expliquer clairement le travail à faire à ses subordonnés » suggère un point sur lequel on peut chercher à transformer son comportement. Des items spécifiques, décrivant un comportement bien précis facilitent donc l'interprétation des résultats et la mise en œuvre de nouveaux comportements. De même, il est bon de vérifier que les items ne comportent pas de négation, ce qui risque de ne pas suggérer un comportement à adopter, de manière constructive.

5. Lire les descriptions des dimensions qui figurent dans le profil.

   – Les cadres qui recevront le rapport de restitution comprendront-ils facilement la signification de chacune de ces dimensions ?

   – Ces dimensions correspondent-elles bien aux compétences qui sont requises par les missions actuelles des cadres de votre organisation ?

6. Examiner les groupements d'items qui constituent chacune des dimensions. Rappelons que non seulement ces groupements doivent respecter des règles de cohérence statistique, c'est-à-dire être liés entre eux, mais qu'ils doivent aussi paraître cohé-

rents pour le lecteur. Ceci parce que tous les items constituant chaque dimension vont être reproduits dans le rapport de restitution et leur regroupement doit avoir un sens pour le participant au 360°.

7. Le manuel comporte-t-il des preuves de la validité du questionnaire ? Elles peuvent venir de plusieurs sources différentes. D'abord les relations entre les scores du questionnaire et celles obtenues à d'autres instruments dont la validité est connue. Ensuite les relations entre ces scores et l'efficacité des cadres décrite par leur hiérarchie ou concrétisée par leurs résultats. Ces relations peuvent prendre la forme de corrélations classiques entre les scores au questionnaire et d'autres paramètres, ou de comparaisons des scores obtenus au questionnaire par des cadres plus ou moins efficaces. Mais le plus intéressant de ce point de vue sera d'avoir des informations sur le fait que les concepts représentés par les dimensions que mesure le questionnaire se prêtent au développement, même si c'est une donnée difficile à obtenir. Enfin, il faut garder présent à l'esprit le fait que la validité n'est pas une qualité qui résiste au temps. Elle doit faire l'objet d'un suivi régulier.

8. Si le questionnaire est adapté d'une autre langue, poser des questions sur la traduction.

   – A-t-elle été contrôlée grâce à la comparaison avec une traduction inverse ?

   – La structure en dimensions a-t-elle été confirmée sur la traduction française ? Des normes locales sont-elles disponibles ?

   – Le texte du rapport a-t-il été traduit ainsi que tous les documents de la version originale, manuel, guide pour l'utilisateur... ?

   – Ces différents documents ont-ils fait l'objet d'une adaptation à la culture locale ?

9. Examiner les échelles qui sont proposées pour donner une réponse à chaque item ainsi que la manière dont celles-ci sont rédigées. Il existe plusieurs formats de réponses possibles. L'un consiste à proposer au participant de dire si oui ou non il

possède cette compétence, et s'il s'agit d'une compétence qu'il souhaite développer. Ce type de réponse permettra d'obtenir un rapport de restitution relativement simple, mais moins riche d'information que celui qui exploite le fait d'offrir un choix de réponses en plusieurs points, permettant de dire quel est le niveau de chacune des compétences. En outre, si quelqu'un hésite à répondre oui ou non, aucune autre alternative ne lui est offerte et il risque alors de ne pas répondre du tout. Une échelle de réponses plus diversifiée peut être préférable parce qu'elle permettra d'obtenir des réponses plus fines, et qui se prêteront à des comparaisons avant/après et à des comparaisons inter-culturelles. Mais les différences entre les échelons offerts au choix ne doivent pas être floues. Enfin, le fait de laisser la possibilité de choisir une réponse « Je ne sais pas » ou « ? » peut inciter les participants à ne pas répondre aux questions sur lesquelles ils hésitent à se prononcer.

10. Examiner le rapport de restitution. Il doit être clair, complet et facile à lire. Le mieux est de se procurer un spécimen et de le lire en se demandant si tout est compréhensible, les textes aussi bien que les scores et les représentations graphiques. Une des difficultés tient au fait que pour chaque variable, les rapports de restitution d'un 360° présentent en général différents résultats, ceux du participant, ceux de chacun des groupes d'observateurs, et ceux de l'ensemble des observateurs, certains en notes brutes, d'autres en scores normés. Pour donner une idée de la masse de scores que cela représente, pour un rapport qui comporte 15 dimensions, et qui est construit sur les réponses du participant, de son supérieur et de deux groupes (collaborateurs, collègues), plus les scores agrégés de l'ensemble des observateurs, il y aura, seulement sur ces 15 dimensions, et avant tout détail sur les items eux-mêmes, 15 x 5 soit 75 scores... Et le double si on veut présenter les notes brutes et les scores normés. Ceci sans tenir compte d'autres informations éventuelles comme l'importance des dimensions estimée par chacun des répondants... Il n'est donc pas facile de faire le plan d'un rapport de restitution à la fois clair et complet.

Clarté et exhaustivité ne suffisent pas. Il ne faut pas oublier, en effet, que le principe du 360° repose sur l'idée que seul le participant est capable d'interpréter et d'expliquer les résultats qui lui sont restitués, parce qu'il connaît bien son environnement professionnel et les contraintes qui le caractérisent, ainsi que les rôles respectifs des différents observateurs et les observations auxquelles ils ont eu accès. Ce qui n'empêche pas de l'aider à faire cette interprétation en lui fournissant des comparaisons susceptibles non pas de remplacer le travail de réflexion qu'il doit faire, mais de le faciliter. C'est le cas, par exemple, de tableaux indiquant les items pour lesquels on observe les plus fortes disparités, d'indications sur les scores les plus faibles et les scores les plus forts, par catégorie d'observateurs, ou encore d'indices de dispersion concernant les scores qui ont fait l'objet d'un calcul de moyenne.

11. Regarder les documents qui accompagnent le rapport de restitution. Ces documents doivent soutenir à la fois la lecture du rapport et la constitution d'un plan de développement. Ils peuvent comporter des conseils sur la manière de comparer les scores et de tenir compte des ensembles d'informations ainsi que des questions à se poser pour amorcer la réflexion sur les résultats obtenus. En outre, c'est dans les documents qui accompagnent le rapport de restitution que le participant au 360° peut trouver des indications sur les diverses expériences, missions, nouvelles responsabilités, formations, lectures, etc. qui sont susceptibles de l'aider à construire de nouvelles compétences.

12. Se renseigner sur l'existence d'une formation préalable, sur les conditions d'inscription à cette formation ainsi que sur les documents complémentaires qui sont donnés aux consultants qui suivent la formation. Les instruments à 360° sont relativement complexes. Ils exigent donc des consultants qui les utilisent une connaissance approfondie non seulement de l'outil lui-même mais également du rapport de restitution, de la manière de l'exploiter, et, surtout, des principes qui sont à la base de l'évaluation multi-notateurs des compétences.

13. S'assurer que la méthode de recueil et de traitement des données garantit bien l'anonymat des réponses des observateurs et la confidentialité du rapport de restitution. Vérifier que les procédures utilisées sont compatibles avec les caractéristiques de l'organisation concernée et qu'elles convaincront bien les participants de la rigueur de l'anonymat.

14. Enfin, demander s'il existe une possibilité d'accès sur Internet ou sur Intranet, ce qui a l'avantage de réduire la manipulation et l'envoi des questionnaires. Et de donner aux participants un sentiment accru de confidentialité de leurs résultats.

CONSTRUIRE « SON » 360° ?

S'il n'existe pas sur le marché d'instrument qui corresponde aux activités de l'entreprise et aux compétences que requièrent ces activités, il est possible de développer soi-même un questionnaire 360°, et d'organiser le traitement des résultats. C'est une démarche qui n'est ni simple ni rapide. Et les organisations en sous-estiment souvent la difficulté, de même qu'on croit trop souvent qu'il suffit d'avoir de l'imagination pour élaborer un test ou un questionnaire. Mais c'est la bonne solution lorsque l'organisation est de grande taille et qu'elle est active dans un secteur où existent des postes et des fonctions très spécifiques. La construction d'un 360° propre à l'entreprise peut être facilitée si celle-ci a déjà procédé à l'identification des compétences que requiert la mise en œuvre de sa stratégie. Et c'est une démarche essentielle lorsque les changements de stratégie obligent à modifier les compétences nécessaires. Dans tous les cas, la recherche et la réflexion qui conduisent à l'élaboration d'un 360°, donc d'une liste de compétences pertinente, sont profitables parce qu'elles constituent une occasion de clarifier les objectifs et les missions.

Une autre possibilité consiste à ajouter à un questionnaire 360° classique une annexe comportant les questions qui correspondent à une (ou plusieurs) compétences spécifiques et fondamentales pour l'organisation. Ainsi, Peter Ward cite un exemple où le fait d'ajouter six questions concernant les relations avec les clients a permis de réaliser que ces questions cernaient une compétence importante mais absente des notations traditionnelles. La hiérarchie n'avait jamais eu l'opportunité d'observer directement les comportements liés à cette compétence, mais ils étaient bien visibles pour les collaborateurs. Et le fait de faire appel à une évaluation multiple a permis de réaliser la portée de cet aspect et de mettre en œuvre des plans de développement inédits[1].

Il faut donc peser les avantages liées à l'élaboration d'un questionnaire à 360° « sur mesure » et tenir compte du fait que développer soi-même un tel questionnaire suppose toujours remplies les trois conditions suivantes :

• *un objectif clair,* et bien identifié par l'organisation, qui consiste avant tout à aider les participants à mieux se connaître et à mieux comprendre le comportement des autres à leur égard, également à savoir quelles sont les compétences valorisées par l'organisation, ceci afin de leur donner le désir et les moyens de se développer en acquérant de nouvelles compétences ;

• *des ressources disponibles* en expertise, en temps, et en financement, non seulement pour assurer les différentes étapes nécessaires à la construction du questionnaire, mais également pour mettre en œuvre une procédure de production des rapports de restitution qui respecte la confidentialité ;

• la volonté d'*utiliser de manière productive* les résultats apportés par la procédure à 360°, c'est-à-dire non seulement l'accès, pour les cadres qui y participent, à des conseils compétents, mais également la possibilité, pour eux, de participer à la gestion de leur carrière en organisant le développement de leurs compétences pour leur bénéfice et celui de l'organisation.

───────────────────

1. Peter Ward (1997) *360-degree feedback, op. cit.*

Ces conditions remplies, quelles sont les étapes à suivre lorsqu'on veut développer un questionnaire destiné à être utilisé en 360° ? Elles impliquent aussi bien la prise en compte des aspects psychométriques traditionnels que la connaissance de l'entreprise et l'analyse de ses priorités.

Dans la mesure où il s'agit de développer un outil qui corresponde aux besoins d'une organisation donnée, la *première étape* a pour objet de développer une liste des compétences qui représentent les atouts clés de sa stratégie. Cette liste servira, lorsque la construction du 360° sera terminée, à établir le profil résumant les compétences individuelles dans le rapport de restitution du 360°. A ce stade initial de la construction du questionnaire 360°, il est seulement possible de faire une hypothèse concernant la liste des compétences, hypothèse que les données empiriques devront parfois confirmer, plus souvent remanier, et même compléter. Mais cette hypothèse est nécessaire parce qu'elle permet de vérifier que toutes les activités concernées ont bien été recensées. Pratiquement, cela signifie qu'il faut commencer par dresser une liste des missions qui caractérisent les fonctions concernées et s'en servir comme base de données pour identifier les compétences requises et rédiger les items du questionnaire. Pour ce faire, on peut avoir recours aux descriptions de poste existantes ou à l'analyse de poste. Celle-ci porte classiquement sur trois types d'informations : les tâches que doit accomplir un professionnel efficace, les caractéristiques individuelles requises pour assurer cette efficacité, les instruments, outils, et conditions de travail nécessaires pour que les tâches soient accomplies correctement. Mais ce sont seulement les activités et les tâches permettant aux professionnels d'atteindre leurs objectifs qui nous intéressent ici.

Il existe plusieurs méthodes pour réaliser cette analyse de poste, au cas où elle n'a pas été déjà faite par l'organisation. Le « PAQ » de McCormick dont il existe une adaptation française fournit un questionnaire structuré qui permet de recueillir une information complète[1]. L'observation, l'entretien, la description de leurs activités

---

1. Éditée par les Éditions du Centre de psychologie appliquée (1998).

par ceux qui occupent les postes concernés, éventuellement sous la forme d'un inventaire des tâches accomplies pendant une journée type, apportent également une moisson d'informations.

Deux méthodes plus sophistiquées permettent, l'une, de décrire les activités qui sont responsables de l'efficacité individuelle, et l'autre, les différences entre fonctions. La description qui suit donne une idée de ces méthodes, mais seule la pratique, avec les conseils d'un spécialiste expérimenté, permet d'en tirer un profit maximum. La première consiste à recueillir et analyser des « incidents critiques », incidents au cours desquels un comportement particulièrement efficace ou, au contraire, un comportement peu efficace a été observé. Le simple signalement de l'incident critique ne suffit pas et il doit être suivi par un dialogue qui permet à l'interviewer de faire décrire l'incident en détail, de faire préciser les compétences utiles lorsque l'incident a eu une conclusion favorable, et celles qui auraient permis d'améliorer la situation lorsque cela n'a pas été le cas.

Sous le nom de « Grille de Kelly » la seconde méthode demande aux hiérarchiques ou à leurs collaborateurs de comparer les différentes activités dont ils sont responsables et de préciser les compétences qu'elles mettent en jeu[1]. C'est une méthode qui comporte plusieurs étapes, dont la première seule nous intéresse ici. Elle est fondée sur la description donnée par Kelly de la manière dont nous percevons et qualifions les objets, concrets ou abstraits, qui nous entourent, créant ainsi des « cartes mentales » qui nous permettent de structurer le monde extérieur. Dans le cas présent, elle peut être utilisée afin d'identifier les compétences requises pour exécuter les tâches qui définissent différents postes et fonctions. En effet, solliciter directement les membres de la hiérarchie pour qu'ils décrivent ces compétences apporte, en général, des réponses vagues, ou qui se bornent à reproduire l'intitulé des postes. Alors que faire comparer différents postes entre eux force à réfléchir aux exigences particulières à

---

1. C. Lévy-Leboyer, V. Naturel, M. Gosse (1985), « Une nouvelle vieille méthode, la grille de Kelly », *Revue internationale de psychologie appliquée*, n° 4, pp. 265-271.

chaque fonction. Encore mieux lorsque cette comparaison est triangulaire, c'est-à-dire consiste à identifier ce qui est commun à deux postes, mais ne concerne pas le troisième. C'est ce que réalise la première étape de la méthode de Kelly. Le principe est celui de la comparaison par « triades ». Ces triades peuvent être aussi bien trois postes différents que trois personnes tenant avec plus ou moins d'efficacité le même poste. Dans tous les cas, la question posée est la même. On demande à l'interviewé de préciser les compétences communes à deux postes mais qui ne sont pas requises par le troisième. Ou encore, de décrire les compétences qui caractérisent deux de leurs collaborateurs, mais pas le troisième. L'interviewé est libre de choisir, sur les trois qui lui sont proposés, les deux postes ou fonctions qui exigent la même compétence, ou les deux collaborateurs qui ont fait preuve de la même compétence. Il peut également donner plusieurs réponses et faire des combinaisons différentes de postes ou d'individus. En outre, il est important de poursuivre le dialogue en faisant commenter la signification de la compétence citée, la manière dont on peut juger sa nature et son efficacité, en demandant pourquoi elle est importante, et comment on peut démontrer son importance. Ici encore, la description ne remplace pas l'expérience de la méthode et la présence d'un interviewer compétent.

Quelle que soit la méthode utilisée, le résultat sera vraisemblablement une liste assez hétérogène de compétences très pointues et de compétences plus générales. Par exemple, une compétence générale peut être : « savoir motiver le personnel placé sous sa direction ». Ce qui correspond à des comportements spécifiques nombreux, comme « encourager les efforts en appréciant les résultats » ou « donner des informations claires sur l'importance des nouveaux objectifs » ou encore « montrer qu'on est sûr que ses collaborateurs sont capables d'atteindre les objectifs assignés ». De même une compétence générale peut être « organiser la publicité pour le lancement d'un nouveau produit », ce qui peut se décliner en compétences spécifiques comme « analyser les résultats d'études de marché sur un nouveau produit » ou « faire le budget prévisionnel des promotions publicitaires », ou encore « superviser la conception des maquettes publicitaires ». D'où la question suivante : quel niveau de détail adopter pour la rédaction des items qui composeront le questionnaire ? Un item peut décrire une compétence dont la maîtrise est importante pour la réussite professionnelle. Par exemple la compétence « savoir négocier » est importante dans les activités commerciales. Mais on peut la décomposer en compétences plus spécifiques comme « trouver les bons arguments », compétence qui peut elle-même se décomposer en compétences très pointues comme « s'exprimer de manière convaincante » ou « interpréter les réactions du client ».

Dans chaque cas, il faudra trouver une juste mesure entre des items trop pointus et des items trop généraux. Et tenir compte à la fois de la nécessité d'être exhaustif sans construire un questionnaire trop long. Il n'est pas possible de donner sur ce point des règles précises parce que la solution adoptée dépend du champ couvert (selon, par exemple, qu'il s'agit de toutes les activités couvertes par une entreprise, recherche et développement, marketing, fabrication, etc., ou seulement des activités commerciales) et également de la longueur jugée optimale pour le questionnaire en fonction du temps dont disposeront les participants. Mais il est important de ne pas mélanger dans le même questionnaire des compétences très générales et d'autres, très spécifiques. Parce qu'il serait alors difficile de construire un profil lisible et respectant les critères psychométriques de cohérence.

La *seconde étape* consiste à rédiger les items d'une première version du questionnaire, en respectant une série de règles de bon sens, qui sont d'ailleurs de mise pour la rédaction de tout questionnaire :

• Commencer chaque phrase par un verbe d'action pour bien indiquer qu'il s'agit d'une compétence mise en application et pas de ce que les gens ressentent ou pensent, ni de la manière dont ils sont perçus par les autres. Par exemple « est plein d'allant » n'est pas un bon item parce qu'il appelle un jugement sur soi ou sur les autres. Il sera avantageusement remplacé par : « fait face aux problèmes difficiles », qui renvoie à l'expérience de problèmes difficiles et à la manière dont ils ont été résolus.

- Les items ne doivent être ni trop longs, ni trop courts. Six à douze mots constituent une bonne fourchette. Plus courts, l'idée reste vague, plus longs, ils expriment une compétence trop circonstancielle.

- Chaque item concerne une compétence et une seule. Il faut donc éviter, par exemple, d'introduire à la fois la description d'une activité, sa fréquence, et la manière dont elle est exécutée.

- Éviter également l'utilisation de « et » et de « ou » qui supposent qu'on exprime deux idées : la personne qui remplit le questionnaire ne saura pas à laquelle il convient de répondre.

- Utiliser un vocabulaire simple en évitant les expressions verbales qui impliquent un jugement, et se limiter à décrire une activité.

- Garder un style comportemental et éviter les tournures commençant par « fait preuve de ... » ou « montre... ».

Il n'y a pas de règle concernant le nombre d'items. D'une manière générale, il faut éviter les questionnaires trop longs qui lassent la personne qui y répond. C'est particulièrement vrai dans le cas d'un 360° parce que le participant va recevoir un rapport de résultats et devoir analyser les données qu'il y trouve. Or, en plus du profil résumant les compétences, ce rapport indique les scores attribués à chaque item par chacun des groupes de répondants. Un questionnaire long va donc considérablement alourdir le rapport de restitution. Cela dit, la première version du questionnaire est expérimentale et doit être soumise à l'analyse statistique. Elle doit être plus longue que la version finale parce que les résultats des analyses statistiques conduiront à éliminer des items non pertinents. On admet donc que cette première version doit comporter un minimum de 25 % d'items de plus que ce qui est envisagé pour la version finale.

Les items sont en général à choix fermé, c'est-à-dire que des réponses à choisir sont proposées aux participants. Ces échelles de réponse peuvent concerner différents aspects : soit la présence de la compétence concernée, soit le désir de la développer, soit les deux, le fait de penser qu'on possède une compétence n'éliminant pas le fait de souhaiter encore la développer. En outre, les réponses proposées peuvent être un simple oui ou non, ou bien prévoir une évaluation graduée. Evaluation susceptible d'être faite sous la forme d'une notation chiffrée, ou d'un choix entre des mots qui expriment soit le degré de compétence possédée soit la volonté de la développer.

La *troisième étape* utilise la première version du questionnaire qu'il faut faire passer par un échantillon aussi représentatif que possible des futurs utilisateurs du 360°. C'est l'analyse statistique de leurs réponses qui va permettre d'éliminer les items mal compris ou non discriminants. Et également, de contrôler la pertinence de la liste de compétences qui a servi de modèle à la construction de la première version du questionnaire. On utilisera l'analyse factorielle pour vérifier la manière dont se structurent les réponses et un indice d'homogénéité des items groupés sous l'étiquette commune d'une même compétence. En étudiant les résultats de ces analyses statistiques, il faut tenir compte de l'objectif d'un 360° qui n'est pas de porter un diagnostic objectif sur les compétences, mais de donner au participant une image concise de la manière dont il perçoit ses compétences et la possibilité de la comparer avec l'image que les autres ont de ses compétences. Respecter le schéma cognitif des participants a donc une importance primordiale : il faut que la description qu'on leur donne de leurs compétences s'inscrive bien dans le canevas que partagent les participants appartenant à la même organisation. Prenons un cas concret : les personnes qui travaillent dans une chaîne hôtelière, par exemple, auront une représentation de la relation avec la clientèle, et des compétences qu'elle implique, différente de celles de formateurs professionnels, ou de vendeurs dans un supermarché.

Par ailleurs, le rapport de restitution présente d'abord un profil résumé des compétences et, ensuite, compétence par compétence, les scores donnés par chacun des groupes d'observateurs. C'est un aspect essentiel parce que placé devant le décalage des images que lui envoient les différents groupes, le participant a besoin de savoir en détail sur quels points ces différences se sont jouées. Ce qui ne serait pas possible s'il ne disposait que d'un profil résumé. Et c'est l'information que reçoit le participant sur le décalage entre son image de soi et celles que les autres lui renvoient, et entre les différentes images données par les autres, qui l'interpelle. L'effort de développement personnel est le résultat du travail d'analyse et de réflexion que ces données vont stimuler. Bref, pour être efficace, le rapport de restitution du 360° doit comporter le détail des items et de leur évaluation par les différents groupes interrogés. Ce qui implique, pour le rédacteur du questionnaire, de veiller à la cohérence apparente des items rassemblés sous une même étiquette, items qui seront regroupés dans le rapport de restitution pour permettre une analyse détaillée de chaque compétence.

Ce n'est pas fini... Il reste la *quatrième étape* qui consiste à rédiger tous les documents annexes, à savoir :

- Une note sur l'objectif du 360°, la marche à suivre, la garantie de confidentialité, la nature et la signification des données que contiendra le rapport de restitution. Cette note est destinée à faciliter pour le participant la présentation du 360° aux personnes à qui il va demander de le décrire. Elle est particulièrement utile lorsqu'on introduit un 360° dans une organisation qui n'avait jamais pratiqué cette approche du développement personnel ;

- Des instructions destinées au participant sur la manière de remplir le questionnaire, sur l'utilisation de la feuille de route où devront figurer les informations qui permettront de gérer le dossier, en particulier le nombre des observateurs à qui le questionnaire a été donné, ceci afin de savoir quand tous les questionnaires distribués ont été retournés ;

- La feuille de route elle-même, en deux exemplaires, un pour le gestionnaire du dossier, un qui sera conservé par le participant ;

- Le texte du rapport de restitution, ou plutôt la trame commune qui servira à établir les rapports individuels ;

- Et, éventuellement, un guide de développement destiné à aider les participants à analyser leurs résultats, à élaborer et à mettre en œuvre un plan de développement, guide dans lequel le participant trouvera notamment des conseils pour l'analyse des informations contenues dans le rapport de restitution et des suggestions concernant la manière de concevoir et de concrétiser leur plan de développement.

LA GESTION DU DOSSIER À 360° ET LA PRODUCTION DU RAPPORT

A la différence des outils d'évaluation dont l'exploitation est relativement simple et peut être faite par le consultant qui les utilise, la gestion du dossier 360° demande une organisation précise. En fait, il existe trois possibilités :

- Utiliser les services d'un éditeur de test qui est équipé pour lire les feuilles de réponses, éventuellement les scanner, et entrer les réponses du participant et des observateurs dans un logiciel qui produira le rapport de résultats ;

- Faire soi-même ce travail de traitement des données et de production du rapport, en utilisant directement le software qui permet de produire le rapport ;

- Au lieu d'utiliser des questionnaires et des feuilles de réponses qui sont sur des supports papier, donner un accès au questionnaire sur Intranet et faire traiter les réponses par un logiciel propre à l'entreprise.

Le choix dépend de l'intensité de l'usage qu'on compte faire du 360°. Et également du fait qu'on utilise un 360° à portée générale ou bien un instrument développé spécialement par l'organisation. Lorsque c'est l'organisation qui prend à sa charge la gestion du dossier, il lui faut établir un processus de traitement des informations qui garantisse au participant que les résultats ne seront pas conservés dans les dossiers du service du personnel. Le 360° doit être considéré comme un instrument de changement, et pas comme un outil diagnostic qui pourrait avoir valeur d'information pour la suite de la carrière, ni comme une évaluation des performances actuelles qui pourrait remplacer ou compléter la notation classique. En outre, il faut garder à l'esprit que le résultat d'un questionnaire à 360° dépend des observateurs choisis par le participant, donc des observateurs disponibles. C'est particulièrement vrai du supérieur pour lequel le participant n'a pas vraiment de choix. Dans l'entretien qui suit la restitution des résultats, il arrive souvent que le participant indique que les résultats auraient été différents avec le supérieur qu'il avait dans son poste précédent. C'est évidemment difficile à vérifier, mais c'est une manière de rappeler le caractère situationnel de tout résultat à 360°. Et le fait que le participant est le seul à pouvoir correctement interpréter les résultats obtenus, parce qu'il est le seul à bien connaître la situation dans laquelle il se trouve.

Dans le cas où l'organisation a monté son propre questionnaire, elle a la charge également d'élaborer le plan et la présentation du rapport de résultat. Rapport qui doit être à la fois clair pour être facile à analyser, mais aussi complet et détaillé pour donner au participant des pistes d'action. Ce qui suppose de respecter les contraintes suivantes :

- *Utiliser une présentation très lisible du profil.* Il y a trois possibilités de présentation différentes : graphe, histogramme, données chiffrées, caractérisant l'image de soi et l'image qu'ont donné l'ensemble des observateurs. On peut juger utile de laisser le participant tracer lui-même les graphes, ce qui le force à lire les résultats avec attention.

- *Présenter un résumé des compétences évaluées, et également des informations détaillées sur chaque compétence.* Si les analyses statistiques des réponses données au questionnaire ont, par exemple, permis de définir quinze compétences distinctes, le participant souhaitera disposer d'un profil graphique qui lui permette de voir rapidement quels sont ses points forts et ses points faibles. Ce sera encore mieux si ce profil lui permet de comparer l'image qu'il a de ses compétences avec l'image qu'en ont donné l'ensemble des observateurs. Mais il est évident qu'une information aussi résumée ne lui suffira pas et qu'il souhaitera avoir des données plus détaillées sur les questions qui ont été réunies. Le profil résumé permet d'appréhender d'un seul regard l'ensemble des résultats. Et les informations de détail, compétence par compétence, permettent d'analyser plus à fond ce qui justifie les scores qui lui ont été attribués, ce qui guidera ses efforts de développement.

- *Apporter des indications chiffrées dont le mode de calcul soit facile à comprendre.* Les scores donnés par chacun des groupes d'observateurs font l'objet de calculs de moyenne, donc comporteront des décimales, ce qui n'est pas le cas des scores attribués à chaque item par le participant et par son supérieur. En outre, l'importance accordée à certaines compétences peut être représentée, non plus par un score, mais par le nombre d'observateurs qui ont désigné une compétence comme importante... Il est utile de rappeler la nature de chacune de ces indications en bonne place. Et leur disposition doit permettre au participant de tenir compte simultanément des scores attribués à chaque compétence et de l'importance donnée à cette compétence. En effet, le participant qui constate avoir reçu des scores relativement faibles pour une des compétences, souhaitera savoir dans quelle mesure cette compétence a de l'importance dans le secteur et dans l'organisation où il travaille.

- *Faciliter les comparaisons entre les réponses du participant et celles des différents groupes d'observateurs, et entre ces observateurs.* L'originalité d'un 360° vient de l'appel à plusieurs observateurs. Il faut donc que la comparaison entre les scores qu'ils ont donnés soit facile et il est préférable qu'elle concerne non seulement les scores de compétence mais aussi les scores donnés aux items. Ici aussi, on peut préférer une présentation chiffrée ou une présentation graphique.

- *Permettre de situer les différents scores « bruts » par rapport à des scores obtenus par une population de référence, en fournissant des scores ou des indications « normées ».* On peut s'attendre à ce que certains groupes d'observateurs soient plus indulgents ou plus sévères que les membres des autres groupes dans leur évaluation des compétences. Il est donc intéressant de pouvoir situer les scores donnés par les observateurs de chaque groupe en faisant référence aux normes qui les caractérise. Pour ne pas trop multiplier les notes chiffrées, ces scores normés

peuvent être présentés sous une forme graphique ou encore de
manière qualitative en les situant par exemple, parmi les
meilleurs, ou les plus faibles, scores attribués par le groupe
considéré. Mais il faut que ces normes soient pertinentes et concernent bien une population de référence proche de celle qui va
participer au 360°.

- *Faciliter le travail d'analyse en donnant des informations
  complémentaires...* par exemple en indiquant par un symbole
  approprié les scores les plus élevés, ou les plus faibles, donnés
  par le groupe d'observateurs considéré. Ou encore en donnant la
  liste des items du questionnaire pour lesquels le désaccord entre
  le participant et les autres observateurs ou le désaccord entre les
  observateurs eux-mêmes est le plus fort.

- *... Et un résumé des besoins de développement à étudier, à la fin
  du rapport.* Sans aller jusqu'à proposer un plan de développement tout ficelé, un résumé peut être proposé à la fin du rapport.
  Selon les objectifs définis pour le 360°, il peut s'agir d'une description résumée des informations les plus saillantes. Par exemple, les dix items pour lesquels la moyenne des scores donnés
  par l'ensemble des observateurs est la plus forte, les dix items
  pour lesquels la moyenne est la plus faible et la même information concernant les réponses du participant lui-même. Ou
  encore les trois compétences pour lesquelles l'ensemble des
  scores est le plus faible, avec un rappel des items qui ont été
  notés le plus bas, et une indication de l'importance attribuée à
  chacune de ces compétences par les observateurs.

▼ Pratiquement, on peut retenir que :

On ne peut pas utiliser en 360° n'importe quel questionnaire existant, même si ses qualités métriques et sa validité pour étayer des prises de décision ont été démontrées.

Les questionnaires 360° sont des instruments de développement personnel et concernent les compétences, mais pas les aptitudes, ni la personnalité.

Il est possible soit de choisir un questionnaire existant, mais il concernera presque toujours des compétences générales, soit de construire un questionnaire correspondant aux stratégies propres à une organisation.

Choisir un 360°, c'est non seulement tenir compte du développement du questionnaire et de ses qualités métriques, mais également du processus de recueil des données, de la manière dont l'anonymat est préservé, et de la qualité du rapport de restitution des résultats.

Développer un 360° comporte trois étapes, l'élaboration d'un référentiel de compétences, la rédaction d'une première version du questionnaire, son étude expérimentale, et l'élaboration des documents nécessaires à la mise en œuvre non seulement du 360° lui-même, mais également du travail personnel qui doit suivre la restitution.

Chapitre 3

Introduire un 360°

Mettre en œuvre une procédure à 360° n'est pas une opération anodine, en ce sens que ses effets peuvent être très positifs mais que, mal gérée, l'introduction d'un 360° peut se révéler source de problèmes. D'où l'attitude souvent ambiguë des décideurs qui envisagent un 360°. Ils sont à la fois séduits par l'idée de la multi-évaluation, désireux de favoriser le développement personnel et d'améliorer la communication, mais inquiets des réactions que peut susciter ce nouvel arrivant dans la gestion des ressources humaines.

Leur inquiétude n'est pas sans justification. Et le fait que le 360° ait été implanté avec succès dans d'autres organisations ne doit pas être le seul argument utilisé pour les rassurer si cela ne leur permet pas de se rendre compte qu'un 360° doit être géré avec intelligence et précaution. Il ne semble donc pas opportun de passer sous silence les craintes des futurs acteurs et utilisateurs d'un 360°. Au contraire, il est bon de faire expliciter ces craintes, pour montrer qu'elles ne sont pas fondées dès lors qu'on organise une communication efficace et qu'on met en œuvre des précautions d'emploi adaptées aux objectifs, au secteur et aux caractéristiques de l'organisation concernée.

Le lecteur sera peut-être tenté de se dire que si ces risques sont vraiment justifiés, il est préférable d'abandonner tout simplement l'idée d'utiliser un 360°. Ce serait se priver des bénéfices qu'apporte la multi-évaluation des compétences, bénéfices particulièrement importants dans l'environnement économique actuel qui oblige les organisations à être flexibles, à faire évoluer leurs stratégies et leurs cultures en aidant le personnel à progresser. Mais changer est toujours difficile, pour une organisation comme pour un individu. Aucun changement ne se fait sans effort, parce qu'on n'apprend pas dans la routine, mais en affrontant de nouveaux défis, en acceptant des responsabilités inhabituelles, bref, en sortant du confort familier et bien maîtrisé. Il faut donc prévenir les difficultés, et dans le même temps souligner les progrès qu'on est en droit d'attendre de ce nouvel outil, ainsi que les efforts qu'il implique.

C'est pourquoi ce chapitre est consacré aux craintes, mais aussi aux espoirs, que suscite un 360°, à la manière de les traiter, aux précautions à prendre et aux étapes type d'une introduction réussie du 360° dans la gestion des ressources humaines d'une entreprise. Ce qui soulève nombre de questions. En premier lieu, on peut souhaiter savoir dans quel type d'organisation l'introduction d'un 360° sera favorablement accueillie et aura des effets bénéfiques. Ce qui revient à se demander dans quelle mesure la culture de l'entreprise facilite ou rend difficile l'utilisation du 360°. Et dans quelle mesure le 360° contribue à faire évoluer cette culture. Pour répondre à ces questions, il faut d'abord préciser les objectifs, pour l'organisation, de l'implantation d'un 360°, donc ses attentes, et envisager l'impact des conditions de travail et de l'environnement propre à chaque organisation sur l'implantation et l'utilisation d'un 360°. Il sera ensuite possible d'aborder les craintes que suscite un 360°, et la manière de les éviter, puis de préciser la marche à suivre pour que l'introduction d'un 360° se fasse dans les meilleures conditions possibles. Toutefois, ce chapitre ne doit pas être pris en compte comme « le seul » mode d'emploi destiné à éviter les ennuis et à tirer le meilleur parti d'un 360°. Il n'y a pas, dans ce domaine, de recette universelle qui s'appliquerait à toutes les situations. Aussi faut-il comprendre la « philosophie » du 360° pour l'adapter à des environnements organisationnels variés.

QUELLES ATTENTES ?

Quelle que soit la situation, il faut d'abord savoir pourquoi l'organisation souhaite implanter un 360°. Connaître les attentes est, en effet,

la seule manière d'éviter des déceptions. Malheureusement, les dirigeants d'entreprise qui s'engagent sur cette voie passent plus de
temps à générer un enthousiasme collectif et à faire des plans pratiques qu'à se demander sérieusement pourquoi ils veulent un 360° et à
définir des objectifs réalisables. Il convient de se méfier d'une
demande qui vient seulement du fait que d'autres organisations utilisent un 360° et semblent en tirer avantage. C'est vrai qu'il faut tenir
compte d'une volonté de conformité institutionnelle et que c'est ras-
surant de savoir que des entreprises ayant pignon sur rue ont employé
avec succès un 360°. Mais les cultures d'entreprise sont différentes et
le seul fait que d'autres utilisent un 360° ne donne pas d'informations
précises sur les bénéfices qu'ils en ont tirés. En fait, peu de recherches
rigoureuses démontrent clairement les effets d'un 360°. Ce qui
s'explique car toute mise en œuvre d'un 360° suppose l'existence
d'un terrain favorable à ses objectifs. Les Anglo-Saxons résument cet
état de choses en disant qu'il y a un double effet de *push* et de *pull*, –
le 360° ne pouvant s'implanter sans un climat qui y pousse et servant
également à « tirer » la culture de l'organisation vers une meilleure
communication et une plus grande participation. En d'autres termes,
la procédure et les objectifs du 360° doivent être clairement liés aux
objectifs reconnus par l'organisation. Et il faut s'assurer que les résultats vont avoir une signification pratique pour les participants... La
situation sera encore plus favorable si la restitution des résultats fait
partie d'un programme organisé de développement.

Bref, il n'y a aucun mal à regarder ce que font les autres et à en tirer
des enseignements, mais cela ne doit pas empêcher de bien savoir ce
qu'on attend d'un 360°, avant de décider son implantation. Notons
au passage que la « mode » joue un rôle regrettable dans la mise en
œuvre de ce qui peut apparaître comme un des gadgets de gestion
des ressources humaines. L'exemple des autres a également poussé
les entreprises à essayer d'implanter des cercles de qualité, le management par objectif, le Juste à temps, la Gestion de la qualité totale,
les réseaux d'équipes de projets... – toutes initiatives utiles, mais qui
ont des indications précises. L'erreur consiste à essayer un mode de
fonctionnement sans avoir bien réfléchi ni à ce qui le justifie, ni à ce
qu'on en attend, ni surtout à ses conséquences.

Cela dit, il y a plein de « bonnes raisons » pour implanter un 360°. Tout d'abord le fait que les cadres souhaitent obtenir une information complète sur la manière dont ils sont perçus afin d'améliorer la qualité et la pertinence de leur image de soi. Il existe bien peu d'occasions d'aborder, dans la vie courante du travail, la nature et le fondement des appréciations que les autres portent sur soi, et encore moins de situations où il est possible de les analyser avec une personne neutre et compétente. La simple idée de s'asseoir en face d'un de ses collaborateurs et de lui dire : « Prenons une heure pour que tu me dises ce que tu penses de moi » fait sourire... Et il serait encore plus difficile de multiplier les points de vue, comme le fait le 360°, tout en assurant la sincérité des évaluations grâce à l'anonymat. En outre, la diminution des niveaux hiérarchiques qui réduit la fréquence de promotions, ainsi que la multiplication des activités faites en équipe rendent plus rares les occasions de recevoir des informations sur ses qualités personnelles. Or ces informations ont une triple utilité. Elles peuvent concerner des points faibles et convaincre de la nécessité de les améliorer. Ou confirmer la conscience de ses atouts personnels, donc la confiance en soi. Ou encore donner le désir de mieux communiquer à ses subordonnés les raisons de ses décisions et de ses comportements.

L'entreprise désireuse d'implanter un 360° peut y voir un des moyens d'améliorer la culture organisationnelle. Notamment sur trois points précis qui reposent chacun plus particulièrement sur la contribution d'un des groupes d'évaluateurs[1]. Le premier est le souhait d'améliorer le management et, de ce fait, de mieux susciter la motivation et l'implication du personnel. Etre évalué par des subordonnés qui ont une vue directe et quotidienne sur le comportement de leurs supérieurs apporte des informations susceptibles de faire progresser les conduites de leadership, de favoriser la délégation, et de prendre en considération les suggestions du personnel. Le deuxième aspect concerne le travail en équipe et repose surtout sur les évaluations données par les pairs, évaluations qui reflètent forcément les atouts et les

---

1. Waldman *et al.* (1998), *op. cit.*

problèmes liés au travail en collaboration. Le fait que les collègues qui sont des observateurs dans la procédure à 360° n'appartiennent pas forcément à un même groupe de travail permet de jauger aussi bien la qualité des relations de groupe que la qualité des relations intergroupes. Enfin, l'implantation d'un 360° ne peut qu'améliorer et faciliter la communication avec son supérieur. En donnant le goût de l'évaluation par les autres et de ses conséquences. Et en incitant à communiquer avec ses évaluateurs lorsqu'on a le sentiment que leurs observations sont incomplètes ou mal interprétées.

Au total, il faut retenir que le 360° vise d'abord le développement des participants mais qu'il a aussi d'autres effets que le développement personnel et qu'il ne se fait pas au seul profit de l'individu. Il répond également au désir de faire évoluer la culture organisationnelle vers un management plus participatif et de donner ainsi à l'organisation une plus grande flexibilité pour faire face aux pressions de l'environnement extérieur.

QUELLES CRAINTES ?

Outre la crainte de voir leurs attentes déçues, les décideurs de l'organisation peuvent redouter les éventuels effets destructifs d'un 360° sur le fonctionnement des opérations et, en particulier, sur la qualité des rapports interpersonnels et sur la motivation. Comme ces craintes ne sont pas toujours explicitées, il faut les connaître et les devancer. Et surtout planifier l'introduction du 360° de manière à les dissiper en rappelant les bases psychologiques qui justifient l'utilisation de la multi-notation et qui rendent compte de son interprétation. Remarquons d'ailleurs que craintes et attentes sont parfois contradictoires. Ou bien les décideurs ont peur que le 360° entraîne des effets négatifs non maîtrisables. Ou bien qu'il ne serve à rien...

Lorsqu'on présente le concept et les instruments du 360° à une entreprise où les évaluations du personnel ont toujours été faites du haut vers le bas, c'est-à-dire exclusivement par la hiérarchie, l'idée même de laisser les subordonnés évaluer librement leurs supérieurs, et, pire encore, de le faire anonymement, représente un réel choc culturel. Il faut d'ailleurs savoir que, lorsqu'on passera à l'application du 360°, ce sont plus souvent les évaluations faites par les pairs qui seront inattendues, probablement parce qu'on attend une appréciation favorable de ceux qui partagent les mêmes objectifs et les mêmes difficultés, alors qu'il s'introduit dans leurs évaluations un élément de comparaison, voire de concurrence.

Par ailleurs, il est certain que le 360° sera d'autant plus difficile à introduire que la structure de l'entreprise concernée est fortement hiérarchique et autocratique. En fait, la procédure à 360° n'est vécue comme une menace que dans la mesure où elle est perçue comme remettant en cause le pouvoir en place. C'est vrai également de toutes les tentatives d'enrichissement de postes qui se heurtent souvent à l'hostilité des hiérarchiques parce qu'ils y voient une menace pour leur autorité et un appauvrissement de leurs fonctions de contrôle et de décision. Ces craintes ne sont pas totalement sans fondement. Il y a, en effet, des situations où les difficultés à surmonter ne sont pas visibles pour les subordonnés. Ils se limitent alors à évaluer les aspects extérieurs du comportement. Dans ces cas, seul le supérieur a une vue exhaustive des conditions et des contraintes du travail. C'est pourquoi les évaluations données par les subordonnés doivent être interprétées comme une donnée de la réalité, donnée qui peut aussi bien susciter un effort pour changer son comportement qu'une action de communication pour expliquer un comportement justifié mais mal interprété. Et faire appel à des subordonnés pour juger leur cadre ne risque d'être réellement perturbateur que si le questionnaire à 360° est vu comme susceptible de remplacer les notations traditionnelles. Il est donc important de bien différencier l'objectif de développement personnel qui caractérise le processus à 360° du système de salaire ou de prime aux résultats qui repose, en général, sur l'évaluation objective des performances et sur les évaluations de l'encadrement.

Dans la catégorie des effets négatifs, les craintes déclinent l'idée que se faire noter par d'autres que par son supérieur hiérarchique, et surtout être noté par ses subordonnés, est inhabituel et risque d'être

déstabilisateur. Les informations contenues dans le rapport de restitution ne vont-elles pas être traumatisantes ou, au moins, démorali-
santes pour le cadre qui les reçoit ? N'est-on pas en train de créer des
thèmes de conflit ? Pire encore, les observateurs ne vont-ils pas,
sachant que leurs évaluations sont anonymes, profiter de cette occasion pour se venger et décrire avec une sévérité exagérée le comportement d'un supérieur qui les a peut-être rabroués ? Ne risque-t-on
pas de voir se développer ensuite des processus de vengeance – les
participants faisant payer aux observateurs des évaluations
péjoratives ? Et, même si ce n'est pas le cas, la crainte de vengeance
ultérieure ne va-t-elle pas pousser les observateurs à une prudence
exagérée, rendant ainsi tout le processus sans signification ? Et si,
inversement, le rapport de restitution est favorable, ne va-t-on pas
créer des « grosses têtes » en renforçant leur estime de soi au point
de les rendre exagérément exigeants ?

A l'opposé, et de manière parfois illogique, lorsqu'ils cherchent à rassurer sur ces dangers, les décideurs contestent la valeur des informations rassemblées au prix d'un effort et d'un coût non négligeables.
Quelle est la fiabilité de ces informations dont le management ne sait
rien ? Comment apporter un quelconque crédit à des évaluations anonymes, dont on ne connaît pas les auteurs, et qui sont donc
invérifiables ? Comment être certain que le jeu en vaut la chandelle et
que, au bout de ces efforts, il y aura bien un changement de comportement de la part des cadres concernés, et, qui plus est, un changement qui va bien dans le sens des objectifs définis par l'organisation ?
Au total, le 360° n'est-il pas un gadget à la mode comme l'ont été les
cercles de qualité, l'enrichissement des tâches, gadget qui ne tiendra
pas ses promesses et qui passera, comme les autres ?

Malheureusement, si l'implantation du 360° est mal gérée, les premiers essais vont confirmer ces craintes et leur ajouter les craintes
des participants eux-mêmes. Lorsqu'un cadre est informé de son inscription au 360°, il a besoin de savoir pourquoi il a été choisi. Et si
des critères clairs, et neutres, ne sont pas précisés, il va se poser des
questions et croire que cette participation correspond à un problème
qu'il soulève. On peut, par exemple, indiquer que tout un départe-

ment va participer à un 360°, ou encore que tous les cadres y partici-peront l'année de leur quarantième anniversaire... D'autres doutes peuvent survenir après la remise des résultats, doutes qui font écho à ceux formulés par les décideurs. Les évaluations sont anonymes donc pas vérifiables, et, de ce fait, elles risquent d'être discréditées sans motiver les corrections de comportement souhaitables. En outre, les scores moyennés peuvent sembler être peu utilisables. Pas facile de savoir, par exemple, si un score moyen résulte de la combi-naison de scores élevés et de scores faibles, ou si tous les évaluateurs ont eux-mêmes donné des scores moyens. Même dans le cas où le rapport de restitution signale celles des moyennes qui correspondent à une forte dispersion des évaluations, il est gênant de ne pas savoir qui a noté fort et qui a noté faible. La disparité des scores fournis par les différents groupes – supérieur, collaborateurs et pairs –, peut inquiéter, sans qu'on en voit l'explication, et, pire encore, faire craindre, surtout dans un climat de méfiance, que les résultats n'aient été modifiés par le gestionnaire du 360°. On peut alors voir le parti-cipant rejeter l'ensemble du rapport comme inexact et inutilisable. Dernière crainte, enfin, celle que ces informations soient archivées par l'organisation, même si elle ne les utilise pas tout de suite, pour être éventuellement employées, si le besoin s'en faisait sentir, en cas de soucis nouveaux – réduction nécessaire d'effectif, gestion des doubles emplois dans le cas de fusion, par exemple.

Les observateurs eux-mêmes ne sont pas sans inquiétude devant cette nouvelle méthode. On leur a promis l'anonymat. Mais ils peu-vent être amenés à en douter si la preuve ne leur en est pas donnée, ou si la procédure n'est pas claire. Il faut se méfier, en particulier, des relances faites à l'ensemble des observateurs, relances qui leur don-nent à penser qu'elles ne sont faites qu'à ceux qui n'ont pas répondu, donc que l'anonymat n'est pas respecté. D'autres difficultés peuvent surgir : si on fait passer un 360° à tous les cadres d'un service, leur supérieur va devoir remplir un grand nombre de questionnaires. En outre, même pour ceux qui ont déjà la pratique des notations profes-sionnelles, une évaluation des compétences comme en demandent les questionnaires 360° peut être difficile à faire sans préparation.

Au total, la conduite à tenir ne consiste pas à rassurer le futur utilisateur, mais plutôt à faire le tour de la situation, à ne pas introduire un 360° coûte que coûte lorsque le terrain ne s'y prête pas et, dans tous les cas, à le gérer en respectant les consignes qui vont être détaillées dans les paragraphes suivants et qui sont destinées aussi bien à éviter les difficultés qui viennent d'être décrites qu'à assurer l'efficacité de la procédure à 360°.

QUELLES SONT LES ERREURS À ÉVITER ?

Notation ou action de développement ?

A plusieurs reprises, dans les pararaphes et chapitres précédents, l'éventualité d'une utilisation du 360° pour réaliser les *notations professionnelles* qui servent de base à la gestion des salaires et des primes a été dénoncée comme un risque et une manière de dénaturer la procédure de développement personnel. En fait, le débat est vif sur ce point, aux États-Unis, tout au moins[1]. Et on ne peut pas l'ignorer. Il est vrai que les informations obtenues par la multi-notation sont bien plus riches et plus précises que celles que fournissent les notations hiérarchiques traditionnelles. En utilisant une procédure à 360°, l'organisation peut espérer obtenir une base plus large et plus diversifiée pour étayer la répartition des récompenses au mérite, donc plus de retour pour le temps et l'argent investi dans le 360° que dans le cas où les évaluations restent confidentielles et remises au cadre seulement. En fait, on peut se demander si en faisant cela l'organisation ne va pas plus y perdre qu'y gagner[2]. A première vue elle y gagne, parce que le fait d'avoir accès à des informations multiples sur leur performance et sur leur comportement devrait accroître la motivation des cadres à progresser. Et on peut espérer que la

---

1. Un débat a été consacré à ce problème lors du congrès de la Society for Industrial and Organizational Psychology en 1996. On peut en consulter le compte-rendu *in* D.W. Bracken, M.A. Dalton, R.A. Jako, C. D. McCauley et V. Pollman, *Should 360-Degree feedback be used only for developmental purposes ?* Greensboro, Center for Creative Leadership, 1997.
2. Waldman *et al.*, *op. cit.*

multiplicité des notateurs rendra plus fiables les notations attribuées, les déformations dues à des biais individuels s'annulant réciproquement. Malheureusement l'expérience montre que la réalité est moins favorable, et qu'il faut bien faire la différence entre une action de développement et une procédure de notation. Le personnel est souvent hostile aux notations vers le haut, qui, par ailleurs, encouragent aussi bien des attitudes démagogiques de la part de l'encadrement que des accords tacites d'indulgence réciproque. En outre, l'application d'un tel système soulève bien des problèmes difficiles à résoudre. D'abord, comment choisir les subordonnés représentatifs quand un cadre est responsable d'un personnel important ? Que fait-on dans le cas d'un cadre en position fonctionnelle et qui n'a pas de collaborateurs directs ? En outre, un comportement donné peut apparaître comme critiquable par le subordonné alors qu'il répond aux besoins à long terme de l'entreprise. Par exemple, le fait, pour leur supérieur, de passer beaucoup plus de temps avec ses clients qu'avec son personnel donne à ceux-ci l'impression d'être négligés, alors que c'est précisément le comportement que l'entreprise attend. Notons d'ailleurs que ces contradictions dans les représentations des « bons » comportements existent et qu'elles vont être rendues visibles dans le rapport de résultats du 360°.

Conçues comme des informations à traiter et pas comme des évaluations à critiquer, ces désaccords donnent au participant une occasion d'expliquer les raisons de ses priorités. Au total, ces différents problèmes conduisent à conseiller de n'employer le 360° comme base de notation qu'avec beaucoup de précautions. De toutes manières, ce serait une erreur que de vouloir se donner les deux objectifs simultanément – notation et développement – et ce livre a pour objet principal le développement des compétences grâce au 360°, pas la notation dite « vers le haut ».

À quel moment introduire le 360° ?

Un autre risque d'erreur vient d'un mauvais choix concernant le moment de mettre en œuvre un 360° pour la première fois dans une organisation. Même si l'implantation du 360° n'a aucun rapport avec un événement simultané ou proche dans le temps, il risque d'y avoir un impact non volontaire du 360° sur un problème qui lui est étranger, et inversement, le 360° peut être perçu, à tort, comme un moyen détourné de résoudre ou d'ignorer ce problème[1]. D'une manière plus générale, le 360° doit évidemment être compatible avec la politique de gestion de personnel propre à l'organisation. Par exemple, il n'est pas indiqué de lancer une procédure à 360° en même temps qu'une action visant à réduire les effectifs, même si celle-ci n'implique pas de licenciement, parce que les participants et les observateurs du 360° peuvent croire que l'objectif réel de cette nouvelle méthode est de repérer les membres du personnel dont l'organisation pourrait se passer. Plus subtiles, mais tout aussi néfastes, les contradictions entre les conclusions du 360° et les pratiques encouragées par le système de notation en usage risquent de rendre les deux inefficaces. Par exemple, il est possible que l'organisation ait un système de primes fondé sur les résultats à court terme, sans tenir compte de la manière dont ils ont été obtenus. Alors que le 360° met l'accent sur les relations avec les collaborateurs, l'amélioration du style des opérations menées en équipe, et la délégation au personnel, avec le souci de développer leurs compétences, donc autant sur les moyens que sur les fins. Le double message devient alors incompréhensible. D'où la nécessité d'une cohérence entre les objectifs annoncés et les compétences que le 360° va inciter à développer. Pour éviter ce type de conflit, il est important que l'organisation explicite les valeurs et les objectifs qu'elle souhaite privilégier. Effort qui n'est pas forcément stérile parce qu'il amène parfois à repenser la nature des résultats encouragés par des primes, et ce qui les justifie. Et il est également possible que les résultats du 360° poussent à une réflexion collective sur les comportements valorisés et la nécessité de les mettre en harmonie avec les stratégies de l'entreprise. Le 360° joue alors un rôle de clarification.

---

1. Ces exemples sont détaillés *in* D.A. Waldman et L.E. Altwater, *op. cit.*

QUELLES CONSIGNES DONNER AUX PARTICIPANTS ET AUX OBSERVATEURS ?

Implanter une procédure à 360° dans une organisation suppose une participation active de tous les acteurs, dès le début. Et le 360° n'est pas seulement un instrument de développement individuel qui aide les participants à construire des objectifs qui leur sont propres et à les mener à bien, c'est aussi un moyen de faire réfléchir en commun à ce qui est important pour l'organisation, donc de renforcer la culture. Et c'est aussi une occasion pour chacun de discuter avec d'autres membres de l'organisation au sujet des pratiques de management. Bref, la procédure à 360° n'est pas un « test ». Et pour éviter qu'elle ne soit perçue comme un contrôle, elle doit faire l'objet d'une présentation détaillée, même si cette procédure est déjà appliquée dans d'autres services de l'organisation concernée. Il faut donc veiller à donner une *information* précise, complète et convaincante, en respectant les consignes suivantes :

1. Rappeler de manière répétée que le 360° n'est pas une façon de satisfaire sa curiosité et que ses résultats ne sont donc pas une fin en soi. Il faut être au clair, avant toute démarche d'implantation, sur l'utilisation des informations qui seront réunies et communiquées. Et planifier dès le départ les moyens, le contenu et le calendrier de la communication. Ceci étant d'autant plus important que l'idée même d'un 360° est nouvelle par rapport au climat de l'organisation, et que celle-ci constitue un terrain favorable aux rumeurs. Tenir compte également de la familiarité avec des outils d'enquête et d'évaluation gérés par des psychologues, et au fait que, si cette familiarité n'existe pas, le 360° apparaîtra d'autant plus comme une interférence des psychologues dans les tâches de management qui ne les regardent pas directement.

2. L'expérience de l'évaluation est certainement inégale parmi les observateurs qui vont être appelés à utiliser le 360°. Une information portant autant sur la manière d'utiliser le questionnaire et sur les modalités de la notation que sur l'utilisation des résultats qui en seront tirés peut être nécessaire au moment de la

première utilisation. Et une discussion sur le 360° doit laisser aux cadres et aux collaborateurs concernés la possibilité de poser toutes les questions qu'ils souhaitent.

3. Il est impossible d'implanter un 360° sans avoir l'appui d'au moins un des dirigeants de l'entreprise. Pas un appui superficiel, mais un véritable engagement. Le mieux étant sa participation à un 360° de manière à ce qu'il puisse parler de sa propre expérience. C'est également à cette occasion qu'il faut montrer que le 360° n'est pas une atteinte au pouvoir des cadres mais au contraire une manière d'accroître l'influence de tous, grâce aux nouvelles informations accessibles aux participants et à la parole donnée aux observateurs.

4. Il faut toujours prévoir une expérience pilote destinée à familiariser les participants, à amorcer la « boule de neige », à donner l'occasion de commenter les dispositions pratiques, et à chercher ensemble des moyens de les améliorer, si nécessaire. Il est capital d'impliquer tous les acteurs dès le début, d'être sûr qu'ils comprennent ce qu'on mesure, voire de les faire participer à la rédaction du questionnaire si c'est un questionnaire sur mesure. Et insister dans la présentation du 360° sur le fait que c'est l'ensemble des développements individuels qui constituent le développement de l'organisation. L'expérience pilote doit permettre de mettre à jour les résistances et les inquiétudes sur l'utilisation des résultats du 360°.

5. La qualité du questionnaire et du rapport de restitution est évidemment importante. Mais un questionnaire excellent et un software sophistiqué permettant de traiter les feuilles de réponse et de produire un rapport de résultats attrayant ne sauveront pas l'opération sans la présence d'un spécialiste capable de gérer la restitution, et sans une communication adéquate qui rend l'ensemble du processus totalement crédible. En d'autres termes, le processus est au moins aussi important que l'outil lui-même. Il ne suffit pas que les participants fassent ce qui est nécessaire pour obtenir les résultats, il faut aussi qu'ils sachent

comment s'en servir ensuite et qu'ils puissent en parler avec des interlocuteurs compétents.

6. En plus de ses qualités psychométriques classiques sur lesquels nous reviendrons plus en détail en abordant le problème du choix de la méthode, le questionnaire doit avoir une signification pour les utilisateurs, à la fois parce que les questions correspondent à des expériences qui leur sont familières et parce que les résultats sont susceptibles d'avoir un impact clair sur leur comportement dans le cadre de la stratégie de l'organisation.

QUELS OBJECTIFS POUR UN 360° ?
QUAND PEUT-IL RENDRE DES SERVICES ?

Les consignes qui viennent d'être décrites sont valables de manière générale, et quelles que soient les intentions de l'organisation qui envisage de mettre en œuvre un 360°. Mais il n'en reste pas moins vrai que la multi-évaluation à 360° est susceptible de répondre à plusieurs objectifs différents. Les utilisations d'un 360° et les applications du travail qui suit la restitution des résultats sont très variées[1]. Le développement personnel est, certes, un objectif majeur, mais il ne faut pas limiter le concept de 360° à la seule idée de planification de carrière. D'autant que les différentes applications qu'on peut envisager présentent des difficultés spécifiques.

Nous commencerons donc par faire le tour des objectifs qui peuvent être envisagés lorsqu'on utilise une procédure à 360°. Ce qui montre que toutes ont comme point central le fait de « faire bouger les choses » – qu'il s'agisse de développement individuel, d'évolution des processus relationnels ou de changement culturel dans l'entreprise. Implanter un 360° commence donc toujours par donner un contenu et une signification à la notion même de développement.

---

1. Une liste exhaustive avec des exemples anglo-saxons, est fournie par Peter Ward (1997), *op. cit.*

1. Le 360° comme *agent de développement individuel.*

C'est l'application la plus fréquente. Il peut s'agit de l'utilisation d'un questionnaire 360° seul, comme support d'un conseil sur les objectifs et les moyens du développement des compétences d'un individu. Dans ce cas, le mérite du 360° sera triple : identifier les domaines où un développement serait bénéficiaire à la carrière individuelle ; examiner la possibilité pour le participant de développer ces compétences ; stimuler chez lui le désir d'agir pour se développer. Mais cet objectif ne sera atteint que si la restitution d'informations est accompagnée par un consultant qui facilite l'acceptation des résultats et encourage leur analyse, et également si l'organisation offre les moyens de mettre en œuvre les processus de développement.

Le 360° peut aussi faire partie d'un programme de bilan plus complet, comportant notamment des outils qui permettent d'aller plus loin dans le diagnostic individuel et dans le pronostic de réussite des différentes pistes de développement envisagées. Ce bilan appuyé sur un 360° peut aussi bien se faire dans un cabinet de consultant, donc à l'extérieur de l'entreprise, qu'à l'intérieur de l'entreprise et faire alors partie de la gestion des ressources humaines. Reste que la restitution des résultats du 360° est plus facile et mieux acceptée lorsqu'elle est faite par un consultant extérieur qui connaît l'organisation mais qui n'y a pas de rôle opérationnel. Et, par ailleurs, le développement personnel est plus facilement mis en œuvre lorsque le plan de développement individuel peut être discuté avec le hiérarchique ou avec un représentant de la gestion du personnel, ou, encore mieux, avec les deux. L'ensemble devant être conçu comme aboutissant à un gain réciproque, aussi bien pour l'individu que pour l'organisation qui l'emploie.

L'entreprise qui généralise un 360° à tous les cadres d'un ou de plusieurs services ou départements peut également bénéficier, sans trahir la confidentialité, de résultats globaux qui lui permettent de faire des comparaisons entre ces services. En effet, sans rompre avec la nécessaire confidentialité des informations recueillies, on peut les agréger et ainsi fournir à l'organisation un tableau de résultats qui concernent un groupe dans son entier. Ce qui permet, par exemple, de comparer le profil qui représente la moyenne des compétences de tous les cadres d'un service au profil d'un autre service, ou encore le profil de compétences d'un ensemble de cadres aux compétences requises pour satisfaire les stratégies de l'organisation. Ces informations peuvent être utiles pour concevoir des plans de formation destinés à renforcer les compétences qui, pour l'ensemble des cadres concernés, apparaissent comme insuffisantes par rapport aux stratégies de l'organisation. C'est aussi une occasion de discuter et de clarifier la vision de l'organisation, les compétences qu'elle implique, et pour chacun, de se situer par rapport à cette vision. Le 360° peut ainsi faire partie, avec un double objectif de développement personnel et organisationnel, d'un programme de formation qui implique une meilleure connaissance de soi et de son environnement. Il est préférable qu'un tel programme s'étale sur un calendrier régulier, par exemple un jour par mois pendant un semestre, de manière à laisser au participant le temps de travailler sur son rapport de restitution. Le programme de formation organisé sur ces bases a le mérite d'avoir à la fois un objectif collectif et un objectif personnel précis, ce qui motive chacun à en tirer le meilleur parti possible.

2. Le 360° comme outil de *développement d'équipe*.

Le 360° peut être employé comme point de départ d'une activité d'évolution d'équipe. Dans ce cas, le questionnaire visera essentiellement les compétences nécessaires à l'activité du groupe, à ses fonctions, à sa capacité à faire participer tous ses membres, et également aux compétences techniques mises en jeu, à la qualité de l'innovation, voire aux relations avec les autres équipes de l'entreprise. Les participants peuvent demander des évaluations sur leurs compétences non seulement aux autres membres du groupe mais aussi aux membres d'autres équipes et aux clients internes et externes à l'entreprise. Ensuite, l'utilisation des résultats varie, avec cependant les aspects constants suivants : chacun des membres de l'équipe reçoit une restitution individuelle de ses résultats et peut avoir un entretien avec un consultant qui joue le rôle du facilitateur. Les différents problèmes issus de l'ensemble des résultats individuels sont discutés au cours d'une ou plusieurs sessions auxquelles participe le groupe entier. Ces réunions exigent de la part du consultant qui les anime beaucoup de doigté dans la mesure où le débat porte sur les relations inter-personnelles à l'intérieur du groupe.

Une autre manière de faire consiste à considérer l'équipe entière comme « l'unité » à évaluer aussi bien par les membres du groupe eux-mêmes que par leurs « clients » internes ou externes. Dans les deux cas, le 360° permet d'arriver beaucoup plus vite aux problèmes essentiels du groupe, avec des informations convaincantes, et donc de passer rapidement à la discussion des processus de changement susceptibles d'améliorer l'efficacité de l'équipe.

3. Le 360° comme outil de *développement de l'organisation*.

C'est l'application la plus ambitieuse d'un 360°. L'objectif est de stimuler un changement des pratiques de management et de communication interne, d'attitude vis-à-vis des évaluations de performance, de style du travail en équipe. Des interventions de ce type n'ont de chances de réussir que si elles impliquent l'encadrement au niveau le plus élevé, et si elles s'étendent progressivement à l'ensemble des personnes concernées. Le fait pour l'équipe de direction de l'entreprise d'être, de manière visible, les premiers à utiliser la procédure à 360° représente un atout important pour que le mouvement soit suivi par l'ensemble du personnel concerné. Dans ces conditions, la procédure à 360° est présentée comme faisant partie d'une vision justifiée par la stratégie de l'organisation et amorçant la mise en œuvre de nouvelles priorités. Et les profils de compétences sont comparés aux priorités définies à l'avance. Le plus souvent, il est nécessaire, pour une opération de cette ampleur, de développer un questionnaire sur mesure fondé sur un référentiel des compétences spécifiques à la stratégie et au secteur de l'organisation.

4. Le 360° comme *outil normatif*.

Les scores obtenus dans une procédure à 360° sont souvent interprétés par rapport à des étalonnages établis par catégories d'observateurs. Pourquoi cela ? Parce que l'expérience de l'application des 360° a montré que les différentes catégories d'observateurs ont des attentes spécifiques et notent avec une sévérité ou une indulgence qui leur est particulière. On peut d'ailleurs ajouter qu'ils ont des relations professionnelles différentes avec la personne évaluée, selon qu'ils sont leurs collègues, leurs collaborateurs ou leur supérieur. Pour permettre une comparaison réaliste des scores donnés par les différents groupes d'observateurs, il est donc légitime de comparer entre elles des notes « normées », c'est-à-dire situées par rapport aux notes données par un échantillon d'observateurs de la même catégorie. Mais, outre ces normes fondées sur des étalonnages multi-entreprises, une grande organisation peut souhaiter disposer de normes personnelles. Cette démarche est séduisante dans la mesure où elle contribue à renforcer le style de management que l'organisation veut privilégier. Pourtant, elle risque aussi d'avoir des effets nocifs auxquels il faut prendre garde. En effet, par définition, la moitié des participants au 360° vont recevoir des scores normés en-dessous de la moyenne, alors que ces scores sont peut-être objectivement élevés. Ce qui peut avoir un effet démobilisateur. En outre, la présence de scores normés introduit un élément de comparaison qui va pousser les participants à entrer en compétition entre eux alors que l'objectif du 360° consiste d'abord à identifier ses forces et ses faiblesses. Ces réserves sont encore plus importantes lorsque les normes sont établies sur un petit échantillon. De toute manière, il est bon de savoir si les participants souhaitent disposer de normes ou se limiter aux scores bruts. De ce point de vue, il faut bien différencier le 360° des tests traditionnels qui disposent de normes nationales, et des enquêtes, par exemple sur les attitudes et sur la culture organisationnelle qui utilisent des normes pour assurer la lisibilité des résultats.

Tout ce qui précède doit être gardé en mémoire lorsqu'on implante un 360° dans les processus de gestion des ressources humaines d'une organisation. Ce qui signifie de respecter les étapes suivantes.

QUELLES ÉTAPES POUR L'IMPLANTATION D'UN 360° ?

Dans le cas le plus fréquent, c'est-à-dire lorsque le 360° est envisagé dans une perspective de développement des cadres qui vont y participer, on peut distinguer six étapes en prenant garde au fait que chaque étape dépend de la précédente. Il faut examiner la manière dont s'est passée chaque étape et en faire le bilan avant de passer à la suivante. Le développement est un processus dont toutes les étapes sont importantes, et pas un événement circonscrit dans le temps.

Première étape – Évaluer l'adéquation de la culture organisationnelle existante

Il y a une série de points à envisager qui correspondent aux questions suivantes[1] :

- Est-ce que la direction de l'entreprise soutient le projet ? En particulier, y a-t-il un ou des dirigeants prêts à être les premiers participants ?

- L'organisation est-elle déjà consciente de la nécessité d'évaluer les compétences ? Et notamment de ne pas se limiter à évaluer le résultat des performances mais également les processus qui ont permis de les atteindre ?

- Les employés ont-ils le sentiment de ne pas recevoir suffisamment d'informations dans le processus actuel d'évaluation ?

---

1. Cette liste s'inspire des recommandations formulées par M.R. Edwards et A.J. Ewen, *360° feedback* (1996), New York, Amacom.

- L'organisation cherche-t-elle tous les moyens pour assurer le développement des compétences de son personnel ?

- Les cadres ont-ils l'habitude de chercher des informations sur leur comportement auprès des autres ?

Probablement le plus important de ces points concerne l'insatisfaction du personnel au sujet des mesures actuelles de performance et du contenu des entretiens d'évaluation. Plus la demande d'information sur soi et la volonté de participer à la gestion de ses compétences et de sa carrière est forte et plus l'introduction d'un processus à 360°, qui répond précisément à ces besoins, sera accueillie favorablement.

Deuxième étape – Obtenir le soutien et la compréhension de l'organisation

Il ne s'agit pas seulement de faire accepter la marche à suivre pour que le 360° se déroule sans problème. Il est également important de faire comprendre le principe qui justifie les changements qu'on peut attendre d'un 360° et les raisons de leur efficacité. L'objectif est avant tout le développement des compétences individuelles, avec l'idée fondamentale qu'un des agents de changement le plus puissant vient des leçons de l'expérience. En d'autres termes, les changements de comportement, les progrès des actions de management passent en priorité par l'accès individuel à de nouvelles expériences. Certes, les programmes de formation classiques gardent leur importance parce qu'ils permettent d'acquérir des connaissances nouvelles. Certes, ils sont plus aisés à gérer parce qu'il sont ponctuels, collectifs, qu'ils ne bousculent pas l'ordre des choses, et qu'ils n'impliquent pas d'autre décision à prendre que le fait de s'y inscrire ou d'y inscrire quelqu'un. Mais les participants y jouent un rôle relativement passif, la formation reste générale et n'intègre pas les leçons tirées d'une activité ou d'un comportement nouveau et, dès lors qu'il s'agit de développer des compétences nouvelles, il y a gros à parier que, de retour dans le travail quotidien, les leçons théoriques seront vite oubliées et peu appliquées.

Dans les formations traditionnelles, les contacts entre le formateur et l'organisation se limitent en général à une identification des besoins et à des propositions de formation qui les concernent. Et l'efficacité des formations, qu'il ne faut pas contester, tient aux qualités pédagogiques des formateurs et au contenu des programmes. La démarche d'un 360° est profondément différente. Le consultant chargé d'implanter un 360° doit trouver des interlocuteurs à qui faire comprendre la valeur du développement personnel et le profit que l'organisation ne peut manquer de tirer de l'accroissement des compétences de ses cadres. Pour mieux réaliser les bénéfices d'un 360° et des informations que contient le rapport de restitution, il est bon qu'un des dirigeants de l'entreprise se prête lui-même à un 360°, qu'il en fasse le bilan et qu'il en parle dans l'organisation, voire qu'il décrive son expérience dans le journal d'entreprise.

Une autre façon de faire, également développée par le Center for Creative Leadership, consiste, pour convaincre les décideurs, et pour leur faire comprendre l'essence d'un programme de développement par le 360°, à leur demander de réfléchir aux événements clés de leurs carrières qui ont représenté, pour eux, une occasion de changer, d'apprendre des pratiques managériales différentes, et à ce qui a rendu ces expériences fructueuses. Tous les cadres apprécient l'occasion de se remémorer les événements clés de leurs carrières et d'en parler avec les autres. Et il est possible de faire avec eux l'analyse des expériences qu'ils mentionnent pour mieux comprendre quel service ils peuvent rendre à leurs jeunes collègues en gérant les expériences qui constituent des ressorts du développement des compétences.

Troisième étape - Identifier les objectifs

On a vu dans le paragraphe précédent que le 360° peut avoir des objectifs différents. En fait, la liste ne décrivait que des groupes d'objectifs. Encore faudra-t-il préciser, à l'intérieur de ces groupes d'objectifs, ce que l'organisation attend précisément du 360°. S'agit-il de mettre l'accent sur les compétences, de stimuler la formation continue sous tous ses aspects ? de gérer les carrières dans le contexte de l'organisation apprenante ? de contrôler l'adhésion des individus aux valeurs de l'organisation ? d'accroître la communication entre niveaux hiérarchiques ? ou encore, de permettre à chacun de mieux interpréter le comportement des autres à leur égard ?

Identifier le ou les objectifs spécifiques est important parce que cela permet de présenter clairement aux participants ce qu'on attend de la procédure à 360°, et une fois cette procédure menée à bien, d'en évaluer les effets et de les comparer avec ce qu'on en attendait. Une bonne méthode consiste à interroger les futurs participants sur ce qu'ils attendent du 360°. Leurs opinions peuvent ensuite faire l'objet d'une proposition qui sera examinée et discutée par la hiérarchie.

Quatrième étape - Organisation d'un essai pilote

Lorsque cela est possible, il est souhaitable de commencer par faire un essai pilote. Soit en faisant faire un 360° par une personne de niveau élevé dans la hiérarchie, soit en demandant à un ou plusieurs cadres dirigeants de participer à un 360°, et de communiquer le profit qu'ils en ont tiré. L'introduction du 360° s'amorce alors naturellement, du fait que chaque cadre participant va forcément amener de cinq à dix personnes à collaborer à son 360°. Qui dit essai pilote ne signifie donc pas essai confidentiel et il faut organiser avec soin l'information et la diffusion des résultats de l'essai pilote. C'est l'occasion de donner des précisions sur les points suivants :

- Pourquoi l'organisation adopte-t-elle un 360° ?
- Quels liens existent avec les autres initiatives en matière de gestion de personnel ?
- Qui seront les participants ? Comment ont-ils été choisis ?
- Qui choisit les observateurs ?
- Comment la confidentialité est-elle assurée ?
- Comment les compétences peuvent-elles être développées ?
- Comment l'information recueillie sera-t-elle utilisée ?
- Qui est en charge de l'introduction du 360° ?
- Quel est le calendrier des opérations ?
- Qui est le consultant en charge du 360° ?

ET, EN CONCLUSION, BIEN COMPRENDRE
LA « PHILOSOPHIE DU 360° »

C'est un outil de développement qui correspond aux besoins actuels en matière de gestion des ressources humaines pour les raisons suivantes[1] :

- Il répond à la nécessité, pour les individus, de progresser dans un monde économique et technologique en changement rapide, et de le faire en faisant appel aux ressources de l'organisation.

- Il répond à l'attente de l'entreprise concernant son personnel, à savoir leur faire acquérir plus de flexibilité, de capacité à apprendre et à être multi-compétent. Ce qui donne moins d'importance aux méthodes traditionnelles d'analyse de poste qui mettent l'accent sur les qualités nécessaires pour le poste à pourvoir, donc sur l'adéquation ponctuelle entre un poste et un individu, et plus d'importance sur les ressources de développement.

- Il répond à la nécessité du travail en équipe, par opposition à l'accent mis sur la compétition inter-individuelle à l'intérieur de l'entreprise. L'efficacité du fonctionnement des équipes requiert une information sur la manière dont les autres membres de l'équipe perçoivent le comportement de chacun. Comment savoir de quelle manière les différents individus sont capables d'interagir et de collaborer ? En le leur demandant... C'est ce que fait le 360°.

- Il répond au fait que l'entreprise souhaite de plus en plus souvent que la communication se fasse dans les deux sens, de la hiérarchie aux collaborateurs, et du personnel à l'ensemble de l'organisation.

- Il répond à la place prise par le concept de compétences, « ingrédients de la performance efficace » (Ward), et au besoin de rendre les mesures de performance plus explicites, c'est-à-dire de les relier aux comportements eux-mêmes, en apportant

---

1. Peter Ward (1997), *op. cit.*

des précisions sur les différentes caractéristiques individuelles responsables des performances observées. Si on veut faire évoluer les performances et les améliorer, il faut en analyser les causes et les modalités – donc ne pas se contenter d'observer les résultats. Par exemple, il ne suffit pas d'avoir des chiffres de vente, encore faut-il savoir comment le vendeur répartit son temps, quelle méthode il utilise, comment il s'y prend pour deviner les intentions de ses clients, pour recueillir des informations sur la concurrence... Le concept de 360° correspond bien à cette nouvelle orientation qui ne se contente pas de mesurer les résultats mais va plus loin en décrivant dans le détail les processus qui ont permis d'aboutir à ces résultats.

• Il répond au souhait actuel d'accroître la marge d'initiative et d'intervention à tous les degrés de la hiérarchie en donnant la parole, en toute sécurité, au personnel de tout niveau. Ce qui est démontré par le taux de réponse très élevé obtenu lorsqu'on demande aux collaborateurs du participant de remplir un questionnaire 360° qui leur permet de décrire le comportement de leur supérieur.

• Il répond également au souci d'améliorer les qualités de leader, par une meilleure connaissance de soi, par une perception concrète de la marge qui existe entre ses intentions et ses actions, et surtout en amorçant un dialogue nouveau entre les différents niveaux hiérarchiques.

D'une manière générale, le 360° contribue à aider l'organisation à créer une structure sans frontière rigide, où la communication circule plus librement, à gérer une hiérarchie avec moins de niveaux, qui a plus besoin d'information et d'évaluation, et à donner aux participants la possibilité de réfléchir à leurs carrières en terme de développement.

Ce qui signifie :

• que le programme de développement qui débute avec un 360° doit être clairement lié aux besoins du travail et se faire par les activités de travail elles-mêmes. De ce point de vue, le 360°

n'est pas un instrument mais un processus qui se déroule dans le temps ;

- qu'utiliser un 360°, c'est reconnaître que les individus ont le droit de gérer leur carrière. Mais en le faisant dans un contexte de partenariat avec l'organisation ;

- qu'un 360° sans le souci actif de faire accepter les résultats et sans un suivi bien organisé de la remise du rapport de restitution n'a pas d'impact, ou pire encore, laisse les participants frustrés et déçus. C'est le sujet des deux chapitres suivants.

ANNEXE : QUESTIONS FRÉQUENTES ET RÉPONSES À LEUR DONNER

Comment savez-vous que le 360° a un effet positif sur les comportements des participants, avec un résultat appréciable sur la production et les services ?

Comme il a été dit plus haut, il est très difficile de mesurer les effets d'un 360° parce qu'ils dépendent du terrain, de la situation, de la culture des organisations, des caractéristiques individuelles des participants, pour ne citer que quelques paramètres. Mais la meilleure façon de montrer que les effets existent et qu'ils sont positifs, consiste à faire évaluer ces effets par les participants eux-mêmes en leur demandant de préciser les comportements qu'ils se sont efforcés de changer, les efforts de communication qu'ils ont lancés et qui ont été fructueux et le résultat de ces changements. En général, cette évaluation souligne le pouvoir motivateur de la multi-évaluation.

Est-ce que le 360° ne va pas accorder des mérites aux personnes aimables et indulgentes, au détriment des cadres exigeants mais pas démagogues ?

Ce n'est pas ce qu'on observe. Les cadres qui n'ont pas de résultats performants sont jugés à leurs mérites, par leurs collaborateurs comme par leurs collègues. A condition que le questionnaire ne comporte pas des rubriques vagues mais soit construit sur une série de situations précises et demande aux observateurs de dire comment le participant saurait venir à bout des problèmes posés par cette situation.

Le processus du 360° prend trop de temps.

C'est vrai qu'un questionnaire trop long à remplir peut demander beaucoup de temps, surtout si, par exemple, le même supérieur doit le remplir pour plusieurs des cadres qui lui rapportent. Il est bon de garder ce problème en mémoire lorsqu'on choisit ou qu'on développe un questionnaire. En outre, on peut prévoir le temps nécessaire pour l'ensemble de l'opération. Et le comparer avec le temps mis pour utiliser des systèmes de notation traditionnelles. En moyenne, on répond à la vitesse de trois items par minute. Pour répondre à un questionnaire de 90 items, il faut donc approximativement 30 minutes.

Faut-il réellement une procédure aussi sophistiquée pour savoir ce que les autres pensent de vous ?

Inutile de discuter dans l'abstrait sur cette question. La seule bonne réponse, c'est de proposer à votre interlocuteur d'essayer et de constater lui-même combien il est étonné par les résultats. Et de l'aider à découvrir quelles sont les images de lui-même qui sont dues à un manque d'information et quels sont les aspects qu'il aurait intérêt à prendre en considération s'il veut progresser.

Et si les informations qu'apporte le rapport de résultat sont déplaisantes, la réaction la plus fréquente – voire la plus normale – ne consiste-t-elle pas à les rejeter purement et simplement ?

La réaction immédiate, oui, vraisemblablement. Mais pour, dans la plupart des cas, reprendre le document et s'interroger sur les causes et les circonstances qui sont susceptibles d'expliquer ces résultats déplaisants. Si la possibilité d'accompagnement compétent existe, c'est le début d'un plan d'action destiné à développer les compétences mises en cause – ou éventuellement à en prendre son parti et à ne pas se mettre dans des situations où elles seront pénalisantes. Sans parler des efforts de communication qui peuvent être utiles pour rectifier une image erronée.

Et si ces informations sont acceptées comme exactes, n'est-on pas en train d'initier un processus de démoralisation, de destruction de l'estime de soi, qui va se traduire à court terme par une chute de la motivation ?

Peut-être... Si la procédure à 360° est mal gérée, c'est-à-dire si on n'a pas clairement différencié 360° et notation professionnelle, et si le développement personnel n'a pas été souligné comme étant l'objectif central. Et, encore une fois, si l'accompagnement n'existe pas ou s'il semble être plus menaçant que constructif.

N'y a-t-il pas des personnes à qui on va donner des informations à 360° et qui ne feront rien pour changer ?

C'est possible : il y a des gens qui ne suivent jamais les avis des autres, ni de leur médecin, ni de leur professeur, ni les remarques de leur patron... Mais il y a plus de chances qu'ils soient mis en mouvement lorsque les appréciations de plusieurs personnes convergent, surtout si le rapport de restitution est accompagné de suggestions constructives.

Est-ce qu'on n'est pas en train, en utilisant un 360°, de créer un concours de popularité, ou les qualités de sociabilité et de convivialité sont plus importantes que la performance ?

Les recherches existantes sur la structure des évaluations montrent que la popularité n'est pas du tout associée aux jugements concernant la performance et l'efficacité. Il y a des personnes très populaires mais jugées inefficaces et inversement des personnes décrites comme obtenant des résultats exceptionnels mais qui ne sont pas du tout populaires. Il faut donc veiller, dans la rédaction des questionnaires, à ne poser que des questions concernant les compétences liées aux différentes missions.

Les participants ne vont-ils pas avoir tendance à choisir leurs amis comme observateurs, ce qui va rendre leurs évaluations biaisées ?

La meilleure réponse consiste à citer l'expérience faite par Disney[1] : on a demandé aux participants de sélectionner deux groupes d'observateurs, des amis et des non-amis. Les différences entre les scores donnés par les deux groupes sont négligeables et ce ne sont pas toujours les amis qui donnent les scores les plus élevés.

---

1. M.R. Edwards, A.J. Ewen (1996), *360° feedback, op. cit.*

Chapitre 4

Quelles réactions devant les résultats d'un 360°

Le fait de recevoir de manière confidentielle une description de ses compétences qui vient de plusieurs autres personnes constitue l'originalité et l'élément essentiel des instruments à 360°. Cela donne une occasion de contrôler la pertinence de l'image de soi que chacun construit, et, également, de savoir comment les autres perçoivent et interprètent son comportement. Pour bien gérer un 360°, il est donc important de connaître le rôle de ces informations et la manière dont elles sont acceptées et utilisées.

Les recherches sur l'image de soi ont montré que l'évaluation que nous faisons de nous-même est souvent imprécise et erronée, qu'on la compare avec les descriptions qu'en donnent les autres, ou avec des mesures objectives[1]. Et l'expérience des instruments à 360° a permis de constater qu'il existe souvent dans la description de soi des biais, positifs, mais aussi quelquefois négatifs. En fait, nous recevons peu d'informations claires sur nous dans la vie quotidienne, et les conventions sociales tendent à atténuer les informations négatives. De plus, nous avons nous-mêmes tendance à accepter volontiers les informations positives et à relativiser les opinions négatives en les expliquant par les circonstances ou encore par le défaut de

---

1. P. Mabe, S. West (1982), « Validity of self-evaluation of ability : a review and meta-analysis », *Journal of applied Psychology*, n° 67, pp. 280-296.

jugement des autres. Bref, on peut retenir que notre image de soi est rarement exacte, et, de ce fait, que les informations apportées par un 360° ont bien des chances de surprendre celui qui s'y prête. Ceci d'autant plus fortement s'il y a unanimité des observateurs sur un ou sur des points précis.

Or, l'image de soi est un élément important de nos comportements et de nos relations sociales. Parce que les personnes qui ont une image de soi pertinente, et bien accordée à celle qu'en ont les autres, sont plus efficaces que celles dont l'image de soi est peu en accord avec ce que les autres perçoivent et évaluent[1]. Et parce que l'image de soi joue un rôle essentiel dans la dynamique des motivations. Lorsqu'on ne croit pas posséder les talents nécessaires à la réalisation d'une tâche ou d'une mission, on ne fait pas d'effort pour la réaliser. Et inversement, on prend des risques exagérés quand on s'attribue des qualités ou des compétences qu'on ne possède pas. D'où le danger de l'image de soi trop optimiste, qui va vous lancer sur des objectifs inadaptés, et de l'image de soi dévalorisée qui va ralentir la motivation et les efforts qu'elle entraîne. Bien se connaître évite des échecs. Bien savoir comment les autres vous voient permet de mieux gérer les relations interpersonnelles et le travail d'équipe.

Faire préciser l'image de soi et la rendre aussi pertinente que possible n'est pas l'objectif final des procédures à 360°. Mais agir pour développer ses compétences ne se fait pas dans le vide... Il faut, d'abord, être capable de partir d'une idée claire sur ses compétences acquises. Ce qui implique, souvent, de changer l'image implicite qu'on en avait, et, toujours, d'expliciter cette image. Le processus à 360° repose sur l'idée que connaître l'évaluation de soi faite par les autres peut faire changer sa propre image de soi[2]. Et ceci sur des points précis.

---

1. F. Yammarino, L.E. Atwater (1993), « Understanding self-perception accuracy : implications for human resources management », *Human Resources Management*, n° 32, pp. 231-247.
2. L.E. Atwater, P. Roush, A. Fitschthal (1995), « The influence of upward feedback on self – and follower ratings of leadership », *Personnel Psychology*, n° 48, pp. 35-59.

© Éditions d'Organisation

Prenons un exemple. Vous pensez être tout à fait capable de déléguer vos responsabilités de manière efficace et valorisante pour vos collaborateurs, mais ceux-ci vous renvoient une image tout à fait différente, de quelqu'un qui tend à faire peu confiance aux autres et qui garde un contrôle étroit sur leurs activités. Ce qui importe, dans ce cas, ce n'est pas l'objectivité de leur jugement, mais le fait qu'ils vous perçoivent de cette manière. Et l'information reçue va probablement entraîner un double mouvement destiné d'abord à mieux comprendre ce qui sépare vos intentions de leur réalisation, et ensuite à donner des informations ou à changer votre comportement pour le faire mieux correspondre à la hiérarchie de vos valeurs et à l'image que vous souhaitez donner de vous-même.

Cela dit, il ne faut pas croire que les démarches de développement personnel soient des conséquences quasi-automatiques d'une restitution de résultats à 360°. Le fait de recevoir des informations sur soi venant de différents observateurs ne constitue un stimulant de changement que si les données contenues dans le rapport de restitution sont convaincantes et claires et si la personne concernée les accepte. Ce qui signifie notamment que les observateurs soient sûrs que les évaluations qu'ils vont donner sont bien destinées à favoriser un effort de développement et ne risquent pas d'être utilisées comme notations professionnelles.

On a pu constater que les évaluations données dans des conditions de confidentialité, par des observateurs qui sont certains qu'elles n'entraîneront pas de sanctions, sont plus fiables, moins indulgentes et différencient plus entre elles les personnes décrites[1]. En outre, il faut prendre conscience du fait que pour qu'un individu soit capable d'accepter des évaluations qui sont souvent critiques et sévères, pour qu'il les intègre dans son image de soi, et qu'il s'en serve dans le contexte d'un développement dynamique, il doit, avant tout, se sentir en sécurité. Tous les conseils en développement de carrière le

---

1. M.A. Dalton (1997), « When the purpose of using multi-rater feedback is behavior change », *in* D.W. Bracker *et al.*, *Should 360-degree feedback be used only for developmental purposes ?*, *op. cit.*

savent : la démarche de changement n'a de chances d'aboutir que si la lecture et l'analyse des évaluations formulées par les autres se fait dans un climat de confidentialité totale.

Les informations qu'apporte un instrument à 360° sont beaucoup plus nombreuses et plus complexes que celles qui sont traditionnellement données par le supérieur immédiat, dans le cadre des notations professionnelles. En outre, elles peuvent paraître peu cohérentes, parce que les différents groupes d'observateurs ont des attentes et des intérêts différents, et aussi des occasions diverses d'observer le participant. Tirer parti de tous les éléments contenus dans le rapport de restitution d'un 360° demande un réel effort intellectuel qui n'aura lieu que si le participant croit à la validité et à la légitimité des résultats. En d'autres termes, il faut que les participants aient confiance dans la procédure, qu'ils comprennent son objectif, qu'ils admettent que les opinions des autres sur eux sont des informations importantes, et, enfin, qu'ils soient certains que ces évaluations ne seront pas utilisées pour d'autres objectifs que celui du développement.

Tout ce qui vient d'être dit présente un caractère général et s'applique dans tous les cas. Mais le consultant qui gère des procédures à 360° aura vite fait de se rendre compte que les résultats qui sont présentés dans le rapport de restitution sont, en fait, très variés. Et chaque éventualité amène des réactions, des questions et des commentaires particuliers.

QUELS SONT LES PROBLÈMES POSÉS PAR LES RÉSULTATS D'UN 360° ?

L'attention des participants qui reçoivent leurs résultats se porte d'abord, le plus souvent, sur la comparaison entre leur auto-évaluation et les images que les autres leur renvoient. Sans entrer dans les détails, on peut distinguer cinq situations :

- Une restitution flatteuse, qui va confirmer l'opinion optimiste que la personne a d'elle-même ;

- Une restitution flatteuse, mais qui reste cependant inférieure à la bonne opinion que la personne a d'elle-même ;

- Une restitution moins élogieuse, et qui contredit la bonne opinion que la personne a d'elle-même ;

- Une restitution peu élogieuse, mais qui confirme l'opinion que la personne a d'elle-même ;

- Une restitution élogieuse, qui contredit l'opinion médiocre que la personne a d'elle-même.

Notons, au passage, que c'est l'aspect 360° qui est tout de suite mis en évidence dans le rapport de restitution. Lorsque le participant reçoit ses résultats, il ne regarde pas son auto-évaluation, ou celle que les autres lui ont donnée, de manière indépendante, mais il s'intéresse d'emblée à la comparaison entre les deux. C'est là le début du travail d'analyse dont nous avons à plusieurs reprises souligné l'importance.

Dans le cas de décalages importants entre son profil et celui que les autres lui renvoient, il se demandera ensuite quelle confiance il peut accorder à l'un ou à l'autre des deux tableaux, ce qui va conduire à une acceptation ou à un rejet des opinions exprimées par les observateurs. Il est évident que si les résultats sont globalement rejetés parce qu'ils sont choquants, ou parce qu'ils sont trop différents de l'image de soi, la suite du processus à 360°, c'est-à-dire le travail d'analyse des résultats, sera bloquée. Le consultant ne peut pas préjuger de cette réaction parce qu'il n'a en main que le résultat du 360°, sans informations détaillées sur le contexte social, et parce que l'acceptation des résultats varie en fonction de la situation – donc en fonction des informations antérieurement reçues par le participant et de l'image de soi qui existait avant.

D'une manière générale, ce qui confirme une opinion positive est, bien évidemment, plus facilement accepté. Encore qu'il se trouve des personnes qui n'ont pas confiance en elles et ont du mal à donner crédit à l'image flatteuse que les autres leur renvoient. Mais ce n'est pas là le cas le plus fréquent. Et toute information qui contredit l'opinion existante ne va conduire à modifier le comportement que si elle est validée, c'est-à-dire si le participant se rend compte que cette évaluation correspond bien à une donnée fiable, et si la réflexion, l'analyse des événements passés, éventuellement une rencontre avec un ou des observateurs, un dialogue avec le consultant, lui font accepter le bien-fondé des informations reçues. Dans ce cas, le décalage entre le portrait qu'il a tracé de lui et les résultats qui lui sont restitués incite le participant à chercher les raisons de ce décalage et à établir un plan d'action qui vise à mettre en conformité l'opinion des autres et la sienne, donc à changer de comportement, ou, parfois, à éclairer les raisons de son comportement.

Mais ce n'est pas toujours le cas : il peut y avoir une réaction de défense qui va conduire à contester la valeur de l'information, à l'attribuer aux mauvaises intentions des observateurs, ou à critiquer la qualité du questionnaire et du processus lui-même. Plus difficile à gérer, le participant peut réagir passivement quand son auto-évaluation négative est confirmée par les autres, parce qu'il se croit incapable de progresser. Dans ce cas, les informations reçues ne sont pas suffisantes pour construire une réelle motivation à changer. En revanche, le fait de recevoir une évaluation plus élogieuse que son auto-évaluation a, en général, un effet motivateur important, à la fois du fait de la réévaluation de l'estime de soi et du renforcement actif des comportements qui ont fait l'objet d'une évaluation favorable.

La richesse et la multiplicité des informations que fournit un questionnaire utilisé « à 360° » force à faire des comparaisons nombreuses : entre soi et les autres, mais aussi entre les différents observateurs, qui parlent rarement d'une même voix. Les réactions à ces différentes informations sont commentées dans les paragraphes qui suivent.

Quelles sont les réactions devant les décalages entre les évaluations des différents observateurs ?

Les évaluations sont données par différents groupes d'observateurs, dont les statuts et les relations professionnelles avec le participant sont dissemblables, qui le rencontrent et l'observent dans des situations différentes, et dont les attentes sont hétérogènes. On peut donc s'attendre à ce que leurs évaluations ne se recoupent pas. Par exemple, des collègues peuvent noter le participant comme soucieux de donner de la visibilité à ses subordonnés, alors que les collaborateurs, plus directement concernés, n'apprécient pas positivement cet aspect. De même, certains problèmes non résolus, voire certaines erreurs échappent aux supérieurs mais pas aux collaborateurs. Pourtant les participants sont souvent étonnés par les désaccords qu'ils constatent, désaccords qui se retrouvent même au niveau des items du questionnaire, c'est-à-dire sur des compétences et des situations très spécifiques. Bref, les divergences dans les évaluations sont presque toujours le premier sujet de réflexion pour les participants qui viennent de recevoir leurs résultats. Le poids qu'ils attribuent à ces différentes appréciations est donc un élément important. En général, et surtout dans les organisations à hiérarchie verticale traditionnelle, ils accordent plus de valeur aux évaluations données par ceux qui jouent un rôle sur leur salaire et leur promotion. En outre, s'ils tendent à accepter plus facilement les évaluations positives, ils cherchent des explications liées au contexte pour les moins bonnes évaluations. Et ils soulignent le fait que les évaluations données par le supérieur sont transparentes, donc plus fiables, alors que c'est le contraire : les évaluations du supérieur sont probablement plus indulgentes et, en outre, elles reflètent son désir de montrer qu'il a su former de bons collaborateurs. Il est donc souhaitable de conseiller au participant de regarder avec attention toutes les évaluations. Et de chercher avec soin les raisons des décalages observés.

Comment expliquer les décalages éventuels ? Chacun des groupes interrogés dans le cadre d'un 360° a évidemment des occasions très différentes, en quantité et en qualité, de juger quelqu'un – ce qui explique les disparités observées entre eux. D'autant que, traditionnellement, c'est la hiérarchie qui joue le rôle principal en ce qui concerne promotions, salaires, primes, etc. et les cadres ont donc tendance à ne pas faire remonter, lorsqu'ils le peuvent, les problèmes, les difficultés et les erreurs. De fait, il semble bien que le degré d'accord entre observateurs est attribuable au degré de connaissance qu'ils ont sur le participant[1]. Les processus cognitifs affectent égale-

---

1. D.A. Kenny (1991), « A general model of consensus and accuracy in interpersonal perception », *Psychological Review*, n° 119, pp. 254-284.

ment les évaluations en déterminant une mémorisation sélective d'événements spécifiques, ou en donnant priorité à des événements récents. Il faut également noter que les données expérimentales indiquent que le caractère personnel et singulier des observations faites sur un 360° est plus lié à l'individu lui-même, donc à son caractère, ou encore à son type de relations avec la personne décrite, qu'à son rang hiérarchique[1].

Pourquoi les décalages entre les auto-évaluations et celles données par les observateurs sont-ils fréquents ?

Lorsque le participant examine le degré d'accord entre son auto-évaluation et les évaluations données par les autres, il s'aperçoit, dans un tiers des cas environ, qu'il se juge mieux que les autres ne le jugent. Décalage qui n'est pas étonnant si on observe le faible nombre d'occasions qui permettent de recevoir des informations sur soi dans la vie quotidienne du travail. Et la mécanique des promotions, voire des augmentations de salaire peut très bien se poursuivre jusqu'à ce qu'un incident plus grave mette en évidence les problèmes liés à un comportement fautif que personne n'avait jamais signalé. L'organisation traditionnelle est plus soucieuse de pourvoir ses postes vacants avec le moins d'erreur possible que de faire progresser les personnes en place.

Par ailleurs, l'âge joue un rôle, en ce sens que les cadres les plus âgés ont tendance à mieux se noter que les plus jeunes, mais que, en revanche, ils sont moins bien notés par leurs subordonnés[2]. Plus intéressant, le niveau de performance du participant est associé à l'accord avec les observateurs en ce sens que les meilleurs cadres sont aussi ceux qui se jugent avec le plus de pertinence quand leurs

---

1. M.K. Mount, T.A. Judge, S.E. Scullen, M.R. Sytsma, S.A. Hezlett (1998), « Trait, rater and level effects in 360-degree performance ratings », *Personnel Psychology*, n° 51, 3, pp. 557-577.
2. A. Wohlers, M. Hall, M. London (1993), « Subordinates rating managers : organizational and demographic correlates of self-subordinates agreement », *Journal of occ. and org. psychology*, n° 66, pp. 263-275.

évaluations sont comparées à celles que les autres donnent d'eux – ce qui s'explique probablement aussi bien par la supériorité sur le terrain des cadres qui se connaissent bien et, également, par la plus grande facilité à se décrire sans complaisance quand, au total, on a de très bons résultats.

Les auto-évaluations sont souvent plus favorables que celles données par les autres, et, en outre, les différences entre la façon dont on se décrit et la façon dont les autres vous décrivent sont, en général, plus fortes que celles qu'on peut constater entre les évaluations faites par les différents observateurs. Ce qui implique que les évaluations données dans des conditions de confidentialité, par des observateurs qui sont certains qu'elles n'entraîneront pas de sanctions, sont plus fiables, moins indulgentes et différencient plus entre elles les personnes décrites. C'est un des mérites d'un 360° bien conduit que de fournir au participant des informations plus authentiques, plus diversifiées et plus réalistes que celles qu'il obtient par l'intermédiaire des systèmes de notations hiérarchiques classiques.

Les différences observées entre auto-évaluation et description par les observateurs ne signifient pas forcément que les auto-évaluations soient erronées. Mais constater leur existence pousse à réfléchir aux raisons qui expliquent ces décalages[1]. Raisons qui peuvent être générales, en ce sens qu'elles s'appliquent à tout le monde et à toutes les situations. Tout d'abord, nous avons tendance à éliminer, ou à donner moins d'importance, à ceux de nos aspects négatifs et critiquables. En outre, les opinions péjoratives des autres sont rarement exprimées dans les confrontations face à face. Le 360° représente donc une occasion de les communiquer, et de surprendre la personne qu'on décrit parce qu'elle n'avait jamais eu l'occasion d'entendre ces vérités. En d'autres termes, la plupart d'entre nous s'imagine plus performants que la réalité parce que les autres adoucissent la vérité. Troisièmement, les participants qui se décrivent ont moins

---

1. D.A. Waldman et L.E. Atwater, *op. cit.* et M. Harris, J. Schaubroek (1988), « A meta-analysis of self-supervisor, self-peer, and peer supervisor ratings », *Personnel Psychology*, n° 41, pp. 43-62.

d'éléments de comparaison avec d'autres cadres de même niveau que ceux qui les décrivent, notamment les supérieurs et les collègues. A côté de ces explications générales, il y a toujours une foule d'explications spécifiques, liées à un événement particulier et que, seuls les participants peuvent évoquer et analyser. Rechercher les occasions précises qui ont servi aux observateurs à se forger une opinion constitue une partie essentielle du travail que doit faire le participant après avoir pris connaissance de ses résultats.

Les évaluations faites par les observateurs sont parfois aussi entachées de subjectivité. Parce qu'ils peuvent y voir un moyen de se venger anonymement d'un fait qu'ils jugent injuste. Egalement parce qu'ils cèdent parfois à des préjugés stéréotypés, comme par exemple les idées reçues selon lesquelles les spécialistes de sciences humaines sont indiscrets, les ingénieurs manquent d'empathie, et les chercheurs sont peu sociables. La sympathie, les émotions et les attitudes sociales contribuent aussi à déformer les observations. Et il ne faut pas voir que les mauvaises intentions. Des collègues, ou des collaborateurs peuvent saisir cette occasion de rendre service au participant en lui donnant des informations qu'ils n'avaient pas l'occasion, ou la possibilité de lui communiquer directement. Enfin, et surtout, les évaluations sont tributaires des occasions qui ont permis à chaque évaluateur d'observer la personne qu'il décrit et ces occasions sont différentes pour les différents notateurs. D'une manière générale, les procédures cognitives affectent les évaluations, notamment l'effet primaire qui pousse à donner une importance excessive aux premières impressions qu'on cherche ensuite à confirmer, et l'attention sélective qui pousse chacun à accorder plus d'attention et à mémoriser plus ce qui correspond à sa propre hiérarchie de valeurs.

L'expérience montre qu'il y a plus de décalages entre les évaluations données par les différents groupes d'observateurs, qu'entre l'auto-évaluation du sujet et les évaluations des autres[1]. Ce qui n'empêche pas les corrélations entre auto-description et évaluations par les

---

1. M. Harris, J. Schaubroek (1988), « A meta-analysis of self-supervisor, self-peer, and peer-supervisor ratings », *op. cit.*

autres d'être relativement faibles, de l'ordre de .20. dans les études recensées par Carless[1]. Une recherche récente soulève le problème de l'importance relative de ces désaccords et de leurs conséquences sur les relations inter-personnelles[2]. L'accord entre l'auto-description et l'évaluation donnée par les observateurs semble être plus important lorsqu'il s'agit de la perception d'autrui formulée en réponse à un questionnaire que lorsqu'il s'agit de mesures objectives comme les volumes de vente ou les taux de productivité. Parce que la surestimation de ses qualités, et l'absence de lucidité dans l'image de soi, entraîne plus de conséquences sur les relations inter-personnelles quand il s'agit d'aspects qui sont étroitement liés à ces relations que lorsqu'il s'agit de données objectivement contrôlables.

D'une manière plus générale, il est bon, dans chaque cas, de tenter de comprendre, éventuellement en utilisant des instruments qui apporteront des informations complémentaires, ce qui explique la surestimation ou la sous-estimation par rapport à l'image que renvoient les autres. Et de tenir compte du fait, déjà signalé, que les cadres les plus efficaces sont ceux pour lesquels l'accord entre leur image de soi et celles que renvoient les autres est le plus fort. En effet, les cadres moins efficaces ont tendance, par réaction de défense de soi, à se surestimer, alors que les autres les décrivent avec plus de clairvoyance. D'où un plus fort décalage. Ce qui n'est pas le cas des cadres dont l'auto-évaluation positive coïncide bien avec celle des autres.

Les évaluateurs d'un même groupe sont-ils souvent d'accord ?

On a vu précédemment que le niveau d'accord entre les différents groupes d'observateurs est relativement faible : les recherches publiées font état de coefficients de corrélation qui ne dépassent pas .30. Qu'en est-il des évaluations données par les membres d'un même groupe

1. S.A. Carless, L. Mann, A.J. Wearing (1998), « Leadership performance and 360-Degree feedback », *Applied Psychology*, n° 47, 4, pp. 481-496.
2. L.E. Atwater, C. Ostroff, F.J. Yammarino, J. Fleenor (1998), « Self-other agreement : does it really matter ? », *Personnel Psychology*, n° 51, 3, pp. 577-599.

d'observateurs ? Par exemple, doit-on s'attendre à ce que les collaborateurs d'un participant le perçoivent tous de la même manière ? Le respect de l'anonymat des réponses données par les observateurs au
questionnaire à 360° oblige à ne communiquer leurs réponses que sous
la forme de moyennes, calculées par groupe d'observateurs. Mais certaines restitutions de résultats prévoient de signaler les items pour lesquels le désaccord est fort, par exemple 2 points et plus sur une échelle
de 5 points. En outre, il faut savoir que dans les rares recherches qui ont
examiné l'accord entre subordonnés, les coefficients de corrélation
obtenus sont assez faibles, de l'ordre de .25. Et l'accord relativement le
plus élevé est observé entre l'évaluation donnée par le supérieur et la
moyenne des évaluations des subordonnés, tandis que le désaccord le
plus élevé concerne la comparaison entre participant et supérieur, d'une
part, entre participant et subordonnés, d'autre part.

On peut donc retenir l'idée que l'image de soi, et notamment de ses
compétences, telle que chacun d'entre nous la construit au fil de ses
activités, et au contact des réactions d'autrui, peut utilement s'améllio-
rer, devenir plus pertinente, et se rapprocher de la réalité. Par ailleurs,
les résultats du 360° montrent, de manière souvent inattendue,
combien la représentation qu'ont de nos compétences les personnes
avec qui nous travaillons est différente de l'image de soi et combien
elle est tributaire des circonstances. Ce qui peut entraîner nombre de
malentendus et de comportements inadaptés. Une des suites à donner
par le participant aux résultats de son 360° peut donc concerner la rec-
tification de l'image que les autres ont construit de ses compétences.
La multi-notation qu'implique le 360° contribue alors à réduire la
subjectivité des évaluations dans la mesure où chacun cherche à expliquer l'origine des différences observées. C'est pourquoi, avant de
remettre aux participants le rapport qui présente leurs résultats, il est
bon de leur rappeler que la grande majorité des personnes qui font un
360° se donnent des scores plus élevés que les évaluations faites par
les observateurs. Et, surtout que image de soi et image donnée par les
autres constituent deux données de la réalité quotidienne du travail
qu'il est important de connaître, mais qu'aucune de ces évaluations
n'est forcément totalement exacte. Il appartient à chaque participant,
et à lui seul, d'analyser ses résultats, de chercher des explications aux

différences constatées, et de s'appuyer sur les points où il y a accord de tous les évaluateurs pour définir les objectifs de son plan de développement. On peut ajouter que ces efforts de communication sur les compétences de chacun aboutissent forcément à une meilleure identification des compétences, donc à une meilleure utilisation par l'organisation de son stock de compétences.

DANS QUELLE MESURE ET À QUELLES CONDITIONS LES RÉSULTATS SERONT-ILS ACCEPTÉS ?

Les analyses qui précèdent permettent de mieux prévoir les réactions devant les résultats que nous avons évoquées au début de ce chapitre. Comment les participants vont-ils réagir devant un retour d'informations négatives de la part de leurs collègues et de leurs collaborateurs – et ceci même s'ils ne peuvent pas identifier ceux qui en sont responsables ? Est-ce que ces informations ne vont pas avoir des effets contre-productifs, en créant un désir de vengeance, des rancunes, toutes choses qui vont détériorer le climat social au lieu de l'améliorer ?

La première question qu'ils vont se poser concerne la confidentialité des résultats. Est-elle vraiment respectée ? La réponse est d'abord technique. Il importe que la confidentialité soit assurée et ceci, d'une manière contrôlable par tous, ainsi qu'il a été indiqué dans le premier chapitre. Mais il faut aussi réaliser que si des problèmes graves existent, problèmes susceptibles de créer une atmosphère de revanche et d'agressivité, ils existaient avant que le 360° ne les mette en évidence et ne les porte à la connaissance des participants. Et qu'un problème grave, caché, n'a aucune chance d'être résolu et toutes les chances, au contraire, de s'aggraver. Ce qui n'empêche pas de prendre au sérieux cette réelle difficulté, de ne pas sous-estimer ses conséquences, donc de faire gérer et accompagner la procédure à 360° par un consultant compétent.

Dans quelle mesure les aspects critiques des informations sur eux-mêmes seront-ils acceptés ? Ne vont-ils pas être simplement refusés et attribués à la jalousie, au mauvais esprit, à la méconnaissance des difficultés et des contraintes ? C'est une raison de plus pour que la restitution d'informations soit accompagnée par un consultant capable de suivre le travail sur ses résultats que doit faire la personne qui prend le 360°. A noter, le fait de restituer en groupe des rapports de 360°, c'est-à-dire de donner à chacun, et à lui seul, son rapport de restitution, mais d'en expliquer la teneur et la manière de l'exploiter à un groupe, permet à tous de savoir qu'il ou elle n'est pas le seul à recevoir des informations inattendues et quelquefois négatives – donc à les accepter plus facilement.

Cela dit, comment faire quand un cadre reçoit sur le même aspect une bonne évaluation venant d'un des groupes de notateurs et une évaluation négative d'un autre ? Il faut l'aider à comprendre que les deux évaluations reflètent la réalité, à chercher les raisons du décalage observé et à mettre en œuvre des comportements susceptibles d'améliorer la situation avec le groupe qui a fourni la notation péjorative. C'est ce type de résultats qui fait comprendre aux cadres faisant un 360° que les résultats qui leur sont restitués apportent une vision de la réalité dans laquelle ils se trouvent actuellement, un tableau de la manière dont différents autres les perçoivent, mais pas forcément une description objective de leurs qualités. C'est donc au consultant qui gère le 360° d'inciter son client à regarder de près chacun des items de la dimension qui est en cause pour être en mesure d'analyser les raisons des décalages observés. D'où l'importance d'avoir dans le rapport de restitution l'intégralité des items du questionnaire, avec les moyennes des réponses données par chaque groupe d'observateurs.

Il arrive que, devant l'abondance des résultats, un participant demande pourquoi les évaluations n'ont pas simplement fait l'objet de moyennes, de manière à ce qu'il dispose uniquement de deux profils de compétences, vu par lui-même et vu par l'ensemble des observateurs. C'est l'occasion d'expliquer que la procédure à 360° a justement le mérite de mettre en évidence le fait que différents groupes ont des points de vue dissemblables. Il est vraisemblable que le participant adopte des comportements variés selon qu'il travaille avec ses collaborateurs, avec ses collègues ou avec son supérieur. Il faut donc l'encourager à réfléchir aux relations possibles entre son comportement et l'image qu'il donne de lui. Il peut aussi y avoir des différences d'évaluation à l'intérieur d'un groupe d'observateurs, ici encore parce qu'un participant se comporte de manière différente avec des observateurs d'un même groupe.

Il y a de bonnes raisons de penser que c'est précisément ce décalage entre l'image de soi et celles que renvoient les autres qui motivent les efforts pour progresser et changer ses comportements. Le modèle du « contrôle » de Carver suggère en effet que le décalage entre l'image de soi et celle donnée par les autres (de même que le décalage entre ses résultats et les objectifs) incitent à chercher des moyens de réduire ce décalage[1]. Prenons un exemple. Un cadre qui se juge avoir vis-à-vis de ses collaborateurs une attitude et des comportements favorisant la délégation et leur donnant de la visibilité par rapport à l'ensemble de la hiérarchie reçoit de leur part une évaluation bien moins positive. Sa réaction est intéressante : il réaffirme que délégation et visibilité sont des paramètres du leadership qu'il valorise, et il souhaite mieux comprendre pourquoi son comportement n'a pas entraîné la perception qu'il souhaitait. Pour ce faire, il provoque une réunion avec l'ensemble de ses collaborateurs, reçoit et discute leurs commentaires, et convient, dans un climat de consensus, d'un système amélioré de délégation. Dans ce cas, l'auto-évaluation implique non seulement la perception de soi mais aussi une échelle de valeur : déléguer autant que faire se peut est bien perçu comme un aspect important du comportement d'un leader efficace.

Imaginons d'autres possibilités, confirmées par l'expérience du 360°[2]. Si ce cadre avait reçu une évaluation positive des observateurs

---

1. C.S. Carver, M.F. Scheier (1985), « A control-systems approach to the self regu-lation of action », in J. Kuhl, J. Beckman, Action control : from cognition to behavior, New York, Springer-Verlag ; C. Lévy-Leboyer (1998), La motivation dans l'entreprise, Éditions d'Organisation.
2. R.R. Reilly, J.W. Smither, N.L. Vasilopoulos (1996), « A longitudinal study of upward feedback », Personnel Psychology, n° 49, pp. 599-612 ; J.W. Smither, M. London, N.L. Vasilopoulos, R.R. Reilly, R.E. Millsap, N. Salvemini (1995), « An examination of the effects of an upward feedback over time », Personnel Psychology, n° 48, pp. 1-34.

sur ce point, il n'aurait pas envisagé de changer de comportement. Et s'il avait reçu des autres une évaluation plus positive que la sienne, il se serait probablement demandé s'il ne pratiquait pas trop libéralement une délégation non nécessaire. Enfin, si une évaluation plutôt négative avait été donnée aussi bien par lui que par les autres, il n'aurait considéré cette évaluation faible comme un problème que si cet aspect de son comportement était explicitement signalé comme important dans son entreprise. D'où l'intérêt de disposer également d'une information sur ce que chacun des partenaires du 360° considère comme étant important. La plupart des questionnaires 360° existant sur le marché disposent d'une section concernant l'importance des différentes dimensions qui font l'objet du questionnaire. Ces informations complémentaires sont en général très appréciées par les participants, et ceci même si cette partie du questionnaire n'a en général pas fait l'objet d'une étude psychométrique approfondie. En particulier, on sait mal dans quelle mesure les dimensions jugées importantes caractérisent effectivement les cadres les plus efficaces. A noter, l'importance relative des différentes dimensions varie sûrement selon les organisations, vraisemblablement aussi selon le service ou le département.

COMMENT FAIRE ACCEPTER LES RÉSULTATS ?

Il est évident – et c'est l'expérience de tous ceux qui ont géré un 360° – que la grande majorité des retours d'information ont toujours au moins un aspect inattendu et peu flatteur pour celui qui a fait le 360°. De fait, le 360° n'aurait aucun intérêt s'il s'adressait à des cadres parfaits en tous points et qui n'ont ni envie ni besoin de progresser. Reste à leur faire accepter les informations qui leur sont retournées dans ces conditions sans qu'ils cherchent des échappatoires. Et à utiliser le coaching, la réflexion personnelle et l'analyse de la situation pour élaborer et mettre en œuvre un plan de développement personnel.

Faire accepter les résultats est donc essentiel. Pourtant les participants trouvent maintes bonnes raisons pour les rejeter. Citons les commentaires qui accompagnent le plus fréquemment une contestation des résultats, avec des réponses possibles à leur donner[1] :

- Ce tableau est lié à la situation actuelle ; il y a quinze jours, il aurait été tout à fait différent.

  C'est vrai... Et dans quinze jours, il sera encore différent ! A vous d'approfondir ce lien entre l'image que vous donnez aux autres et les situations traversées, d'en tirer un tableau de ce qui est contingent et de ce qui est plus fondamental.

- Les évaluateurs me connaissent mal et ne m'ont pas vu agir dans des situations réellement difficiles et délicates.

  C'est également vrai : à vous de compléter leur information... Il y a peu d'occasions de rappeler... ses mérites. Le 360° vous donne la possibilité de savoir quelles informations leur font défaut et vous donne une occasion de préciser la nature de vos missions précédentes.

- Je m'entends mal avec mon patron, tout le monde le sait et s'aligne sur lui.

  C'est peu vraisemblable... Les réponses sont anonymes. Avez-vous regardé en détail la comparaison entre les évaluations de votre patron et celles des autres observateurs ?

- J'ai des problèmes personnels en ce moment et personne n'en a tenu compte.

  Votre rapport de résultats est totalement confidentiel. Si vous jugez les résultats biaisés par vos problèmes actuels, c'est à vous d'en tenir compte et de les interpréter. Mais rappelez-vous que les évaluations données par les observateurs sont plus déterminées par les premières impressions que par les événements les plus récents.

---

1. C.T. Chappelow (1998), « 360-Degree Feedback », chapitre 1, *in The Center for Creative Leadership Handbook of Leadership Development*, San Francisco, Jossey Bass.

- Le questionnaire ne pose que des questions sans rapport avec mes responsabilités.

  Peut-être... dans le cas où il s'agit d'un questionnaire générique, donc pas adapté à des contextes particuliers. Il serait bon de le remplacer soit par un questionnaire spécifique fait sur mesure pour votre entreprise, soit de le compléter. Et si les compétences évoquées dans le questionnaire sont de niveau trop élevé pour vous concerner, il serait bon d'utiliser un questionnaire mieux adapté. Bref, c'est le questionnaire qui a été mal choisi, pas la procédure à 360° qu'il faut mettre en cause.

- Le portrait qu'on me renvoie est périmé : j'ai déjà changé.

  Si vite ? Alors vous êtes prêt à continuer à progresser... Tant mieux !

- C'est un bon tableau de mes qualités, mais je ne me reconnais pas dans les faiblesses.

  C'est plus facile d'accepter les compliments que les critiques... Allez plus loin dans l'analyse des résultats : sur quels points y a-t-il unanimité ? Sur quels points vos propres évaluations sont-elles proches de celles des autres ? Et regardez le détail des questions qui vous indique quelles sont les missions pour lesquelles vous êtes décrit comme susceptible de progrès.

- Je ne fais pas confiance à ces traitements de questionnaires sur ordinateur ; il doit y avoir une erreur.

  Non... Le traitement par ordinateur est plus fiable que le traitement à la main. En outre, c'est une garantie supplémentaire de la confidentialité des résultats.

- Ce tableau n'a pas de réelle valeur : les observateurs ne sont pas d'accord entre eux.

  C'est le contraire qui serait vrai. Les observateurs ont des attentes différentes et des occasions dissemblables de vous observer.

- Chacun a généralisé à partir d'un ou deux incidents sans grande signification.

  Peut-être... Mais ces incidents avaient de la signification pour eux. A vous de comprendre pourquoi et d'en tenir compte.

Les réponses ci-dessus ne sont que des indications : il n'y a pas de recette miracle pour faire face avec succès à ces commentaires sceptiques – d'autant qu'ils peuvent parfois comporter un élément de vérité. Mais, c'est le moment de souligner à nouveau que le 360° apporte une vue instantanée originale de la situation actuelle, qu'il représente donc un document précieux pour réfléchir à la réalité du moment, et pour mettre en œuvre un comportement et acquérir des compétences qui, dans la situation actuelle, représenteront un programme efficace de développement personnel.

QUELLES CARACTÉRISTIQUES PERSONNELLES DES PARTICIPANTS JOUENT UN RÔLE SUR L'ACCEPTATION DES RÉSULTATS ?

Il est difficile d'anticiper les réactions que va avoir le participant à la lecture de son rapport de résultats à 360°. Pourtant lorsque le consultant en prend connaissance, il aimerait prévoir ce qui va se passer. Y a-t-il des paramètres individuels qui jouent un rôle sur l'acceptation des résultats ?

Plusieurs facteurs individuels sont mentionnés dans les publications[1]. D'une manière générale, les personnes qui ont une estime de soi élevée ont moins peur des résultats qu'ils vont recevoir. Mais elles s'attendent à des résultats positifs et elles seront peu disposées à accepter les résultats qui ne confirment pas leur bonne opinion d'elles-mêmes. En cas d'évaluations critiques venant des observateurs, ces personnes arbitreront plus volontiers en faveur de leur propres opinions positives. Et, de ce fait, elles seront moins disposées à agir pour rendre les évaluations des autres cohérentes avec les leurs.

---

1. M. Kernis, J. Brockner, B. Frankel (1989), « Self-esteem and reactions to failure : the mediating role of overgeneralization », *Journal of personality and social psychology*, n° 57, pp. 707-714 ; T. Roberts, S. Nolen-Hoeksma (1994), « Gender comparisons in responsiveness to other's evaluation in achievement settings », *Psychology of women quarterly*, n° 18, pp. 221-240.

En revanche, les personnes dont l'estime de soi est faible prennent beaucoup plus sérieusement les résultats négatifs et ont même tendance à les généraliser à d'autres aspects de leur personnalité.

En outre, et d'une manière générale, les femmes sont plus réceptives aux évaluations des autres que les hommes, et plus facilement disposées à en tenir compte pour améliorer leur comportement. Et cela n'est lié ni à une estime de soi faible, ni à une tendance à l'autocritique. Peut-être l'évaluation dans un contexte professionnel est-elle une expérience plus nouvelle pour les femmes que pour les hommes, expérience qu'elles ont moins tendance à contester.

Enfin, l'âge et l'ancienneté dans l'emploi sont accompagnés d'une plus grande confiance en soi et d'une tendance à ne plus rechercher d'évaluations venant des autres. Et, bien souvent, les cadres expérimentés croient, à tort, que le 360° ne leur apportera rien de nouveau. Inversement, les personnes plus jeunes sont moins sûres de leurs qualités et recherchent plus volontiers des informations venant des autres. Il ne faut pas y voir un signe d'insécurité mais le fait qu'elles accordent plus d'importance à l'opinion des autres. Cependant, ni l'âge, ni l'ancienneté ne semblent influencer la disposition à réagir activement après la communication des résultats.

AU TOTAL, QUELS SONT LES EFFETS DES RÉSULTATS DU 360° ?

... Sur les participants...

1. Ils *donnent la volonté de changer* et, grâce aux premières expériences dans ce sens, apprennent à changer et à gérer son développement personnel. Ce qui répond au développement actuel de la volonté de gérer sa carrière, à une époque où les réductions d'effectif, les fusions d'entreprise, les changements de cap technologique, les progrès techniques eux-mêmes risquent constamment de remettre en question l'utilité de ses expériences et de rendre ses compétences obsolescentes.

2. Ils *motivent ceux qui reçoivent des évaluations positives* : il n'y a pas, loin de là, que des retours d'informations négatives. Et il ne faut pas sous-estimer l'impact affectif de l'estime des autres, renvoyée anonymement, c'est-à-dire sans être suspecte de flatterie ou de conformisme. Et cet impact est d'autant plus fort qu'il s'agit de cadres qui étaient peu sûrs d'eux et de leur effet sur les autres. C'est sur cet aspect que les évaluations traditionnelles, venant d'un supérieur souvent pressé, sont notoirement insuffisantes et que, tous les consultants l'ont expérimenté, le souhait d'obtenir des informations sur ses forces et sur ses faiblesses est très présent.

3. Ils *donnent envie d'obtenir d'autres évaluations* (et les font rechercher) : l'expérience montre que la restitution d'informations entraîne une volonté de changer, et de vérifier que ces efforts ont des résultats bien perçus par les autres. Apprendre, c'est aussi savoir évaluer les résultats de ce qu'on a appris.

... Et ils bénéficient aussi **à d'autres**. Les analyses qui précèdent ont concerné le participant et ses réactions devant la procédure à 360° et devant ses résultats.

Mais il serait faux de croire qu'elle ne profite qu'aux participants[1]...

1. Elle *valorise les subordonnés* : c'est une manière de montrer aux subordonnés et aux collaborateurs que leur opinion a de l'importance. Jusqu'ici, aucune intervention initiée dans le cadre des actions de participation ou « d'*empowerment* » n'avait aussi clairement fait appel aux contributions des échelons inférieurs de la hiérarchie. Et le fait que cette contribution soit anonyme lui donne un caractère de sincérité et incite à participer ceux qui, jusque-là, gardaient leurs remarques pour eux.

2. Elle *améliore la communication entre niveaux hiérarchiques, et entre collègues* : le fait d'avoir eu la possibilité de recevoir des informations venant d'autres personnes appartenant à des

---

1. D.A. Waldman *et al.*, *op. cit.*

catégories différentes incite à répéter l'expérience et à chercher la possibilité de discuter de son comportement et de ses compétences avec les collègues, les subordonnés et pas seulement, de manière épisodique, avec son supérieur. En d'autres termes, la communication se fait aussi bien de bas en haut et latéralement que de haut en bas. Il arrive souvent qu'un cadre de haut niveau ayant pris connaissance des informations renvoyées par ses collaborateurs, demande conseil au consultant sur la meilleure manière de prolonger le dialogue ainsi amorcé. Il se crée ainsi soit un calendrier de réunions formelles, soit des rencontres informelles qui n'existaient pas auparavant.

3. Elle *fait évoluer la culture organisationnelle* : comment ? De multiples manières. En donnant le sentiment que tous les membres du personnel peuvent contribuer à la marche de l'organisation et à l'amélioration des relations inter-personnelles, en montrant que l'organisation s'intéresse aux problèmes humains, en insistant sur le fait que ce ne sont pas seulement les résultats qui comptent mais aussi la manière dont ils sont obtenus, en donnant la possibilité de discuter ensemble, donc de partager des valeurs communes qui vont précisément définir ce qui fait la culture explicite de l'organisation.

Les réponses aux évaluations traditionnelles, qui sont, en règle générale, faites par la hiérarchie et liées à des punitions et/ou à des récompenses, déclenchent des comportements adaptés, c'est-à-dire qui visent à éviter les punitions et à obtenir les récompenses... La matière des évaluations à 360° est différente parce que les items qui servent de support aux notations sont des situations concrètes, des missions et des responsabilités dont la bonne tenue suppose qu'on possède la ou les compétences correspondantes. Il y a donc de fortes chances pour que le retour d'informations à 360° soit plus facilement accepté et qu'il déclenche deux types de réactions : d'une part, mieux comprendre sur quelles observations ont été construits les jugements des différents groupes d'observateurs, et éventuellement éclaircir par une communication adaptée des inférences erronées. D'autre part, chercher comment un comportement différent rendrait positives des évaluations plutôt négatives, c'est-à-dire les feraient changer. C'est l'objet du travail qui suit la restitution des résultats et qui fait l'objet du prochain chapitre.

EN CONCLUSION, QUELLES RECOMMANDATIONS POUR QUE LA RESTITUTION SOIT PORTEUSE DE PROGRÈS ?

1. Il est important de prévenir les participants que les évaluations venant de différentes sources seront vraisemblablement différentes et que, de ce fait, le travail d'interprétation, comme les plans de développement doivent s'adresser à chacune de ces sources.

2. Il y a beaucoup de réactions possibles devant le rapport de résultats. Il est donc capital qu'une personne compétente, neutre par rapport à l'organisation, et qui présente des garanties de confidentialité, soit disponible pour un ou plusieurs entretiens avec le participant.

3. Si l'organisation ne « suit » pas le processus à 360°, c'est-à-dire si elle ne met pas en place des possibilités de mettre en œuvre des plans de développement, et, plus encore, si elle ne manifeste pas clairement la valeur qu'elle attache au développement des compétences de son personnel, le 360° ne sera qu'un épisode sans lendemain.

4. Il est plus facile de comprendre à ce point de l'exposé pourquoi le choix du questionnaire est important. Et pourquoi il est essentiel qu'il concerne des comportements spécifiques, clairement liés à des compétences importantes pour l'organisation. Le 360° a pour objectif le développement des compétences, pas la curiosité de voir comment les autres décrivent votre personnalité.

5. Un des résultats du 360°, c'est de faire comprendre concrètement aux participants et aux observateurs combien la description de son comportement par les autres est un élément essentiel des relations inter-personnelles et de la connaissance

de soi. Il doit donc entraîner la recherche de nouvelles évaluations, sans que celles-ci ne prennent la forme d'une procédure aussi sophistiquée que le 360° lui-même. Aucune évolution n'a de chance d'être poursuivie si celui qui fait l'effort d'atteindre un objectif ne reçoit pas, en cours d'effort, des informations sur les progrès qu'il a faits et sur le chemin qui lui reste à parcourir.

6. Ces résultats ne s'obtiennent pas sans précautions. Ce qui signifie que la mise en œuvre d'un 360° doit être faite avec soin. Et que les utilisateurs potentiels ont raison de poser des questions, d'exprimer leurs inquiétudes et de prendre conscience des risques de dérapage. Il faut retenir l'idée qu'être capable de se percevoir avec les yeux des autres est un élément important de l'équilibre psychologique et de la capacité d'un individu de travailler avec d'autres à l'intérieur d'une organisation. Et, du fait de la multiplication des équipes, des rôles plus actifs réservés à ses collaborateurs, et également de la compétition qui donne de l'importance à la manière dont les clients vous perçoivent, il ne suffit plus dans l'entreprise actuelle de recevoir les évaluations de son hiérarchique.

Chapitre 5

Des résultats au plan
de développement

Si le 360° se limite à la lecture mi-sceptique, mi-curieuse, des résultats qui figurent dans le rapport de restitution, si, pire encore, le long rapport ne fait l'objet que d'un coup d'oeil distrait, le participant remettant à plus tard, quand il en aura le temps, une lecture plus approfondie, tout l'effort accompli n'aura servi à rien. L'objectif de la procédure à 360°, en effet, c'est d'impulser un changement de comportement, un développement de nouvelles compétences. Ce qui implique, après avoir analysé activement ses résultats, de définir un ou des objectifs, de chercher les moyens de les atteindre, et de mettre ces moyens en œuvre. Pour que ce chemin soit parcouru, il faut que trois conditions soient remplies. D'abord que le participant ait une attitude active et soit prêt à participer à la gestion de sa propre carrière, dans une culture organisationnelle qui favorise et soutient cette initiative. Ensuite qu'il ait accès à un consultant compétent et confidentiel qui joue le rôle de « facilitateur ». Enfin qu'il construise sa motivation et qu'elle le conduise à agir. Ce sont ces trois conditions qui seront abordées dans ce chapitre.

GÉRER SA PROPRE CARRIÈRE

L'introduction de cet ouvrage a souligné l'importance des transformations de l'environnement professionnel qui est passé d'une situation caractérisée par la possibilité de prévoir à long terme et par la sécurité de l'emploi, à un climat d'incertitude et de mobilité qui incite chacun à participer à la gestion de sa carrière, et les organisations à offrir des services destinés à faciliter cette prise de responsabilité. La diffusion des procédures à 360° en est un des exemples. Mais il ne suffit pas que ces services existent pour qu'ils soient suivis d'effets. Pour passer des résultats d'un 360° à une réelle motivation à progresser, que faut-il d'autre ? Cette motivation est-elle plus facile à susciter chez les uns que chez les autres ? Comment s'élabore la conviction qu'on est capable de progresser ? Quels moyens doivent être mis en œuvre ?

Et d'abord, qu'est-ce qu'implique le fait de gérer sa carrière ? Une attitude et des comportements bien précis : chercher de nouveaux rôles et de nouvelles responsabilités, être constamment en train de s'interroger sur ses performances, donc chercher des informations sur ses compétences et sur ses atouts, anticiper les changements et les évolutions des techniques et des contextes économiques[1]. En d'autres termes, la recherche d'informations sur soi et sur les opportunités de développement de carrière est centrale dans la gestion de sa carrière. Plus une personne reçoit d'informations sur elle et sur son contexte professionnel, plus elle a de chances de construire une image de ses possibilités de développement de carrière cohérente avec la réalité. Ce qui signifie, de la part de l'organisation, comme de la part de son personnel, le fait de comprendre que la période où les carrières étaient entièrement gérées par l'organisation prend fin et que s'établit un nouveau « contrat psychologique implicite » entre l'entreprise et son personnel[2]. Et ce qui implique, de la part des employés de l'organisation deux activités bien définies. D'abord une recherche constante d'informations sur leurs performances, leurs compétences démontrées et les priorités de développement. Donc

1. E.E. Kossek, K. Roberts, S. Fisher, B. DeMarr (1998), « Career self-management : a quasi-experimental assessment of the effects of a training intervention », *Personnel Psychology*, n° 51, 4, pp. 935-963.
2. D.M. Rousseau (1996), « Changing the deal while keeping the people », *Academy of Management Executive*, n° 10, pp. 50-59.

une capacité à se connaître, à identifier ses atouts et ses faiblesses, ses besoins de développement et les causes de ses performances actuelles. Dans ce contexte, savoir rechercher des informations sur ses résultats et ses compétences professionnelles est une qualité centrale. Et le fait de pouvoir engager le dialogue avec son supérieur, mais aussi avec ses collègues, voire ses collaborateurs, ses clients et fournisseurs internes et externes, sur ses capacités, évite à l'individu de se sentir sans aucun pouvoir dans les grandes organisations. Ensuite la capacité à chercher des informations fiables sur les possibilités de carrière et sur les compétences qu'elles impliquent. Donc à se préparer pour des opportunités de carrière futures. Le manque de confiance en soi, la passivité, l'aveuglement devant les risques dus aux changements à venir, l'auto-satisfaction sont autant d'obstacles à l'efficace autogestion de sa carrière.

LE RÔLE DU CONSULTANT

Les équipes de sportifs ont toujours un coach. D'où vient ce mot ? de l'anglais *coach*, « carrosse, voiture pour transporter des voyageurs ». Le rôle du coach consiste bien, conformément à son étymologie, à faire passer un individu de ce qu'il est à ce qu'il souhaite être. Le rôle du coach n'est pas d'être un enseignant : les compétences dont il a la charge ne s'enseignent pas à proprement parler mais elles peuvent s'apprendre et c'est le rôle du coach que de faciliter l'apprentissage par l'expérience. Le consultant joue un rôle de même ordre dans la procédure à 360°. Faut-il le choisir interne ou externe à l'organisation ? En réalité cela importe peu à condition qu'il soit compétent, qu'il connaisse l'organisation et sa culture et qu'il lui soit possible de respecter une confidentialité sourcilleuse. Dans les deux cas, le consultant n'a pas de contrôle direct sur l'organisation. Ce qui signifie que la motivation de la personne qu'il coache doit venir d'elle-même. En outre, le rôle du coach est confidentiel et personnel, dans la mesure où il est fait « sur mesure » pour chaque participant. Chacun a son propre style de progrès, son rythme et ses ressources.

Le consultant est un « facilitateur ». Qu'est-ce que cela veut dire ? La « facilitation » est nécessaire dans de nombreuses situations où il y a des interactions sociales entre différents individus. Par exemple, dans les activités de *team building* où le rôle du facilitateur consiste à aider les membres de l'équipe à comprendre comment celle-ci fonctionne et à améliorer son efficacité en tant qu'équipe, en organisant des exercices qui vont aider l'équipe à fonctionner comme une unité. C'est aussi le cas des situations ou un participant reçoit les évaluations d'autres personnes. Et lorsqu'une personne répond à un questionnaire de personnalité ou passe un test, lorsqu'elle reçoit des notations professionnelles, le retour d'informations est souvent fait par un « facilitateur » qui a comme rôle de présenter les résultats de manière claire et aisée à comprendre, et de conseiller sur les actions ou les décisions à prendre.

Le facilitateur peut aussi bien être un consultant externe à l'organisation, qu'un membre du service des ressources humaines formé à ce travail, ou encore une personne tout à fait externe au contexte professionnel du participant mais avec qui il souhaite discuter de ses résultats et de leurs conséquences. Une autre possibilité consiste, pour les participants, à constituer des équipes de deux d'entre eux, qui sont alternativement participant et facilitateur l'un pour l'autre. En outre, certains logiciels de dépouillement des questionnaires à 360° offrent des commentaires pré-rédigés qui sont destinés à aider le participant à comprendre ses résultats et à faire des plans de développement. Mais cette dernière procédure n'est pas toujours indiquée, au moins pour deux raisons. D'abord parce que si on veut accroître chez les participants le désir et les moyens de participer à la gestion de leurs carrières, ce n'est pas en leur laissant croire que l'ordinateur va les dispenser de réfléchir et de prendre eux-mêmes des décisions. Ensuite, parce que ces conseils et analyses préfabriquées sont peu convaincantes dans la mesure où elles restent très générales pour pouvoir s'appliquer à des situations individuelles très variées. En revanche, l'existence de « guides de développement » qui donnent des suggestions sur les expériences porteuses de développement spécifique peuvent être très utiles, à une étape ultérieure de la réflexion sur les résultats, lorsqu'il s'agit de chercher les moyens à mettre en œuvre. A condition qu'ils reposent bien sur des études de terrain qui justifient le rôle de chacune des expériences mentionnées comme étant susceptibles de développer une ou des compétences.

La procédure à 360° donne au facilitateur des rôles multiples. La première démarche consiste à aider le participant à construire une image claire de ses résultats, et ceci malgré leur complexité, à accepter ces résultats, même s'ils sont choquants ou inattendus, et enfin, à envisager la suite à donner, les décisions à prendre et à construire une motivation à agir. La réceptivité du feedback est importante parce qu'une personne qui n'arrive pas à accepter et à écouter les informations contenues dans le rapport de restitution va manquer les possibilités de développement personnel qu'implique la procédure à 360°. Le consultant joue ici aussi un rôle de facilitateur, rôle fonction de la relation qui s'établit entre la personne qui gère la procédure du 360° et le participant, et de la manière dont est menée la réunion de restitution. Certaines personnes sont plus réceptives que d'autres aux informations apportées par le rapport de restitution. Ceux qui se connaissent déjà bien, c'est-à-dire qui sont capables de juger honnêtement leurs forces et leurs faiblesses seront également plus disponibles pour recevoir les informations du 360°. En revanche, ceux qui, d'une manière générale, ne savent pas écouter, et, notamment, ont tendance à interrompre les autres dans les réunions de travail, recevront plus difficilement ces informations. La confiance éprouvée par le participant à l'égard du consultant qui accompagne sa démarche est alors particulièrement importante. Un autre aspect joue également un rôle : la similarité entre participant et consultant, similarité en matière de caractéristiques démographiques telles que le sexe et l'âge, et aussi en ce qui concerne la carrière, les expériences professionnelles, et les intérêts. Enfin, la manière dont est mené l'entretien n'est pas sans influencer la réceptivité aux informations du 360°. Notamment, les résultats sont mieux acceptés lorsque le participant peut prendre une part active dans la restitution, de telle sorte que cette étape soit le début de l'activité de développement. Ce qui n'est pas étonnant : il est plus facile d'accepter l'existence d'un problème dont on perçoit la solution que de reconnaître l'existence d'une difficulté sans issue. Concrètement, cela signifie pour le consultant qu'il doit prêter attention à la manière dont les résultats sont reçus, et qu'il a intérêt, s'il veut être efficace, à être attentif à la relation qui s'établit entre lui et le participant, à laisser celui-ci s'exprimer, et à être prêt à démontrer la qualité des informations apportées.

La contribution suivante du facilitateur a pour objet de vérifier qu'aucun aspect important et prioritaire des résultats n'a été négligé par le participant. Il peut s'agir, par exemple, d'une faiblesse signalée par les observateurs, ou par certains observateurs, et pas forcément pas le participant, ou encore d'une compétence jugée importante par la totalité des personnes qui ont répondu, et sur laquelle il faut s'interroger. Si c'est le cas, il est bon de le signaler au participant et de chercher avec lui les raisons de cette omission. Raisons qui peuvent être valables : par exemple, le participant peut avoir une idée du développement de son secteur qui ne recoupe pas les représentations des observateurs. De ce fait, une compétence qui paraît être importante aux autres ne lui semble plus être une priorité. Cette discussion n'est pas prescriptive ; mais elle peut amener à suggérer des orientations possibles d'action, de manière à montrer que le potentiel de développement des expériences quotidiennes est important, sans mentionner des expériences qui ne seraient pas à la portée du participant, donc qui le décourageraient trop vite.

Les entretiens avec le consultant et leur rôle facilitateur ont encore d'autres fonctions. Les scores chiffrés sont souvent difficiles à interpréter pour le participant. C'est d'autant plus le cas lorsque le questionnaire utilisé est générique, c'est-à-dire n'a pas été fait sur mesure pour l'organisation ou pour le secteur d'activité à laquelle appartient le participant. Même s'ils décrivent des situations concrètes, les items ont alors une signification générale et le participant peut se demander ce que cela signifie pour lui et ce qu'ont voulu dire les observateurs en lui donnant telle ou telle évaluation. Certains praticiens suggèrent de demander aux observateurs d'ajouter des commentaires écrits à leurs scores chiffrés, mais cela compromet la confidentialité des réponses. Envisager avec le consultant différentes explications et chercher des moyens pour les valider constitue donc une bonne alternative. Par ailleurs, il y a souvent une parenté entre les comportements dans le travail et hors travail. Par exemple, quelqu'un qui a tendance, dans son travail, à tout contrôler dans le détail et à prévoir à l'avance tout ce qui peut se passer, a des chances d'avoir le même type de comportement dans sa vie familiale et dans sa vie sociale. En discuter avec le consultant est éclairant. Il peut d'ailleurs y avoir aussi des différences de comportement en fonction du contexte. Les deux sont intéressants à discuter pour mieux comprendre ce qui détermine et justifie ces comportements. D'une manière plus générale, on ne peut pas changer un comportement si on n'a pas analysé ses motivations. Ce qui représente un autre point méritant investigation, notamment en analysant les comportements passés et les valeurs qui ont orienté ces comportements.

Le 360° donne des objectifs, une information sur les compétences requises et sur celles qui devraient être développées. Pas les moyens de le faire. Après avoir fait l'analyse des résultats de la multi-évaluation, le participant va donc attendre du consultant essentiellement deux choses : écouter ses arguments concernant le choix d'un objectif et réfléchir sur leur pertinence à la fois du point de vue de l'organisation, des informations reçues sur les points à développer, et aussi sur les chances qu'a le participant d'atteindre ses objectifs. Prenons un exemple. La compétence mise en cause concerne les présentations orales. Le participant a l'impression de ne pas avoir de problèmes sur ce point. Mais le 360° a renvoyé des évaluations médiocres de la part des collègues et du supérieur, moins des collaborateurs. En y réfléchissant, en interrogeant un de ses collègues qui a fait le 360° en même temps que lui, il réalise que ce qui est mis en cause, c'est sa capacité à faire des présentations devant une large audience, alors qu'il est capable de faire de bonnes présentations face à un petit groupe de personnes qu'il connaît bien. Le consultant peut alors envisager avec lui la priorité à donner à cette compétence, puis, le cas échéant, les caractéristiques de la situation qui expliquent les difficultés rencontrées devant une audience importante. En outre, dans beaucoup de cas, la définition de la compétence mise en cause n'est pas claire dans l'esprit du participant et la discussion avec le consultant contribue à préciser ce qui a justifié les évaluations du 360°.

C'est là que le fait d'avoir dans le rapport de résultats l'intégralité des items du questionnaire apporte une série d'informations utiles.

Les sessions avec le consultant ont donc pour objet de revoir l'interprétation des data, d'identifier les domaines où un progrès sera à la fois utile et possible, d'analyser les raisons qui expliquent les problèmes rencontrés et de rassembler les informations nécessaires à l'élaboration d'un plan de développement. La réflexion peut avoir également une orientation prospective, c'est-à-dire ne pas être limitée aux compétences actuellement utiles, mais porter aussi sur celles qui vont concerner un poste à venir ou même une nouvelle vision de l'entreprise. Il peut dans ce cas s'agir de compétences impliquées par des responsabilités de niveau plus élevé, mais aussi de comportements qui sont devenus inadaptés, même s'ils étaient utiles dans le poste ou dans la conjoncture précédente. Ces démarches sont faciles pour certains qui aiment s'analyser et en discuter avec d'autres, plus difficiles pour ceux qui n'aiment pas se poser des questions sur eux-mêmes, mais essentielles si on veut aider le participant à comprendre quelles sont ses capacités à apprendre et quelles sont les compétences qu'il lui faut développer pour assurer son développement de carrière. D'autres outils peuvent parfois utilement compléter les résultats du 360°, notamment un questionnaire de personnalité, et un questionnaire sur le travail en équipe. L'ensemble des résultats peut alors faire l'objet d'une synthèse, qui rassemble les comparaisons entre les évaluations données par les différents observateurs et entre le 360° et les autres données. L'accent étant souvent mis sur l'impact des comportements du participant sur les autres.

Certaines entreprises ont, pour aller dans le sens de la participation des cadres à la gestion de leur carrière, préparé des kits de développement qui comprennent les questionnaires et le mode d'emploi du 360°, des exercices pour analyser les résultats, et des documents qui donnent des indications sur les activités et les démarches susceptibles de développer les compétences repérées. Mais sans l'intervention d'un consultant interne ou externe à l'entreprise. Cette manière de faire est en contradiction avec ce que nous savons de l'expérience du coaching. Il est certainement plus facile d'accepter des résultats décevants quand on a l'assistance d'un tiers. Et les psychologues ont raison de mettre en garde sur la possibilité, aussi rare soit-elle, qu'une personne soit réellement déstabilisée par ses résultats de 360°. Pourtant les praticiens citent des applications qui se font sans la disponibilité d'un tiers ; mais dans ces exemples, il existe un très fort soutien de l'organisation sous la forme d'un comité formé de personnes de haut niveau contrôlant la confidentialité du 360° et disponible pour envisager des actions de développement avec les cadres volontaires. En outre, tout effort de développement y fait l'objet de récompenses adéquates. En d'autres termes, le développement dépend de la seule initiative du cadre, mais il est incorporé dans le système de gestion du personnel[1].

DES RÉSULTATS AU PLAN DE DÉVELOPPEMENT

Toutes les observations précèdentes montrent que ce ne sont pas les résultats en eux-mêmes qui ont un impact sur la volonté de changer et sur la mise en œuvre des actions de développement, c'est le travail qui suit – d'où l'importance du rôle du consultant, en particulier pour choisir un objectif Les travaux de Locke ont clairement montré que la présence d'un but accepté constitue le ressort essentiel de la motivation[2]. C'est vrai de la mise en œuvre d'un plan de développement. Plus les informations apportées par le 360° sont susceptibles de se traduire par un objectif clair, avec des étapes bien définies, plus le 360° a de chance d'aboutir à un réel développement. En outre, si l'organisation valorise l'objectif en instaurant une évaluation des progrès, voire des récompenses qui lui sont associées, le but final a encore plus de chance d'être atteint. Et encore plus si, outre les entretiens de bilan avec le consultant, le participant a la possibilité de discuter de ses objectifs avec son supérieur. Rencontres qui servent aussi bien à expliciter ce qui a été dit de manière résumée dans le

---

1. M.A. Dalton (1998), « Using 360-Degree feedback successfully », *Leadership in Action*, n° 18, 1, pp. 2-11.
2. E. Locke, G. Latham (1990), *A theory of goal setting and task performance*, Englewood Cliffs, Prentice Hall.

rapport de restitution, qu'à discuter les besoins de développement, la manière de les satisfaire, les stratégies de changement envisageables et les problèmes qu'ils posent.

Faire un plan d'action implique de construire un objectif à partir de la compréhension et de l'analyse des résultats du 360° et de préciser les modifications de comportements qui doivent intervenir si on veut développer de nouvelles compétences et progresser. Une des manières de faire, préconisée par Ward, consiste à préparer trois tableaux où figurent les compétences fortes sur lesquelles le participant pourra s'appuyer pour développer les compétences faibles, les compétences qu'il y aurait intérêt à développer, et, parmi ces dernières, celle (ou celles) qui paraissent prioritaires[1] . L'étape suivante sera consacrée au plan d'action, c'est-à-dire, pour chaque compétence à développer, et qui constitue un objectif distinct, à préciser ce que le participant va faire, ce qu'il va faire différemment, les aides qu'il peut trouver pour soutenir ces efforts, et, surtout, la manière dont il compte s'y prendre pour vérifier que ces efforts le rapprochent de l'objectif.

Le rôle du 360°, appuyé par le consultant, consiste donc à faire utiliser les informations transmises par la multi-évaluation pour construire la motivation à progresser. Essentiellement en développant les paramètres qui constituent la motivation : à savoir l'expectation et l'instrumentalité. Dans ce cas, l'expectation, c'est la conviction qu'on est capable de gérer sa carrière, de faire le point sur ses atouts, d'entreprendre des démarches efficaces pour progresser. Et également de s'adapter à des conditions changeantes, de faire face à des défis, de surmonter le stress de nouvelles difficultés. Et l'instrumentalité, c'est le fait, en comprenant mieux son environnement de travail, de développer des stratégies de progrès qu'on juge devoir être efficace. L'expérience du 360° devrait avoir convaincu le participant de l'intérêt qu'il y a à recueillir les évaluations des autres sur ses comportements et ses performances, et à se donner les moyens de continuer à en bénéficier. L'accent doit donc être mis sur la volonté

─────────────────

1. Peter Ward (1997), *op. cit.*

de chercher de multiples évaluations, de les analyser et de les comprendre. C'est une attitude préexistante chez certains des participants à un 360°, pas chez tous. Et c'est un des rôles du coaching que de faire envisager dans cette double perspective – expectation et instrumentalité – l'activité de développement dans le cadre de la participation active à la gestion de sa carrière. C'est un effort en collaboration dans lequel, outre le participant, l'encadrement et le consultant qui gère le 360° jouent un rôle. Le plan de développement est, en effet, le lien entre la motivation de l'individu à acquérir de nouvelles compétences et l'organisation qui peut lui fournir à la fois l'occasion d'acquérir ces compétences, la possibilité de les utiliser et de les valoriser.

Un plan de développement n'a pas besoin de formulaire complexe. Mais ses éléments essentiels sont : un objectif clair et réaliste, une stratégie et la possibilité de contrôler en chemin les étapes de l'acquisition de la compétence concernée. La partie la plus délicate est probablement le choix de l'objectif. Il doit refléter la perception que le participant a de ses problèmes, c'est-à-dire qu'il doit avoir le sentiment d'avoir déjà entendu parler de ce problème et qu'il est temps de s'en préoccuper. En outre, l'objectif doit être valorisé par l'organisation – donc avoir un sens dans la perspective de carrière du participant. Et il est important que le participant « s'approprie » l'objectif, c'est-à-dire qu'il le fasse sien, qu'il le juge réalisable, et utile. Il faut tenir compte du fait que personne ne va se mettre en mouvement pour changer ce qu'il n'est pas prêt à changer. Il peut alors être nécessaire de fragmenter un objectif qui aurait pu paraître inatteignable en objectifs plus modestes, qui permettront, une fois atteints, de s'approprier l'étape suivante. Par ailleurs, un objectif doit être concret, c'est-à-dire être exprimé en termes de comportements spécifiques. Il est toujours possible de demander à un cadre qui ne sait pas comment concrétiser un objectif général de réfléchir à ce que signifie un objectif général et abstrait en termes de comportements précis, et de préciser ce qu'il pourrait faire de nouveau, ou éviter de faire pour atteindre l'objectif envisagé.

CRÉER UN CHANGEMENT DURABLE

À ce moment du travail fait à partir des résultats du 360°, les participants se perçoivent d'une manière nouvelle, comme s'ils ne s'étaient jamais vus avant. C'est un moment critique de la réussite du 360°. En effet, il leur faut utiliser ces données nouvelles pour mettre en œuvre leur développement. Et le plus vite possible : s'ils ne démarrent pas dans les quinze jours de nouvelles initiatives, ils ne le feront probablement jamais.

La plupart de ces activités se déroulent après que les résultats aient été analysés et interprétés, mais certaines peuvent commencer pendant les réunions de travail avec le consultant et dès le retour dans la situation de travail. Elles concernent essentiellement tout ce qui va permettre de :

- confirmer les diagnostics en analysant les résultats, éventuellement en les discutant avec les observateurs, notamment, mais pas seulement, avec le supérieur,

- en identifiant les atouts sur lesquels s'appuyer et les cibles de développement,

- et en cherchant des stratégies de développement appropriées.

Confirmer les diagnostics : cela revient essentiellement à établir un tableau cohérent des atouts, des handicaps et des priorités. Beaucoup de 360° sont accompagnés d'un guide pour l'analyse des résultats ou de fiches d'analyse qui invitent le participant à faire la liste de ce qui est important et ce qui l'est moins, de ce qui est acquis et de ce qui devrait – et pourrait – être développé, voire de ce qui mérite plus d'investigation ou, éventuellement, plus de communication pour faire reconnaître ses compétences.

Identifier ses atouts : avant de préparer un plan de développement précis, susceptible de faire l'objet d'une discussion avec la hiérarchie, il faut constituer un dossier, justifiant les cibles adoptées. Et notamment être capable de souligner ses forces et leur utilité. En précisant le type de situations où ces forces les ont servis ou sont susceptibles de les servir. L'idée étant, dans un dialogue avec la hiérarchie, de ne pas se focaliser seulement sur ses faiblesses. C'est aussi l'occasion de rechercher dans quelle situation ses atouts pourraient être utiles à l'organisation. En outre, il faut bien se rendre compte que modifier son comportement et développer ses compétences n'est pas chose facile. Il importe donc de ne pas se lancer dans un plan de développement qui n'ait que de faibles chances de réussir. Si le participant est amené à présenter son plan et à discuter des expériences auxquelles il souhaite avoir accès, il est important qu'il puisse expliquer comment il compte faire et pourquoi il a des chances de réussir. Il faut ajouter qu'il y a des plans de développement que le participant peut gérer seul. Par exemple, un cadre est décrit comme prenant des décisions trop rapidement, sans chercher à avoir tous les éléments en main. Ce qui ne l'empêche pas d'être apprécié des membres de son équipe et de savoir tirer parti de leurs compétences et de leurs expériences. Il pourra utiliser cet atout pour chercher quel moyen lui permettrait de continuer à prendre des décisions rapidement, mais en cherchant à avoir un tableau complet de la situation – soit en s'appuyant sur des réunions d'équipe, soit en faisant circuler un mémo sur les informations rassemblées pour demander ce qui manque... Et le plan sera encore plus complet si son supérieur en est averti et est prêt à lui signaler si cette nouvelle manière de faire a eu des résultats efficaces.

Chercher des stratégies de développement : le plan d'action est fonction du style de développement de chacun. Un exemple d'action de développement a été cité dans le paragraphe précédent pour illustrer la manière dont un atout (bonnes relations avec son équipe) peut aider à développer une compétence (ne pas décider sans avoir tous les éléments en main). Mais nous n'avons pas tous la même façon d'apprendre, ni la même capacité à tirer parti des mêmes expériences. Il est bon de disposer de stratégies variées et de choisir celle qui convient à chacun et qui lui est facilement accessible dans son environnement professionnel.

La liste des stratégies possible est... sans limite.

On peut, avec Dalton les regrouper en quatre catégories[1] :

1. Utiliser les possibilités offertes par le poste actuel du participant pour trouver des missions et des tâches qui vont dans le sens de l'objectif retenu. C'est la voie la plus « confortable » pour le participant et pour sa hiérarchie qui n'auront pas à envisager de modifier l'affectation du participant, ni de changer ses responsabilités. C'est, en fait, le participant qui va, dans le même cadre de travail, modifier son comportement, en suivre les effets, et comprendre comment l'acquisition de compétence se réalise. En outre, l'organisation soutient les efforts de développement à travers les commentaires du hiérarchique, qui se trouve ainsi impliqué dans l'effort de développement. Il ne s'agit pas de donner au participant des conseils vides de sens, sans modification de son style de travail. Il faut l'inciter à adopter de nouveaux comportements, mais sans que cela ne soit une cause de stress majeur.

2. Une autre façon de développer ses compétences consiste à apprendre des autres. Soit en écoutant les leçons d'un coach qui est un consultant externe ou un membre du service de relations humaines, susceptible d'apporter un soutien, des suggestions et des occasions d'apprendre. Il peut également s'agir d'un collègue ou encore d'un ami, voir d'un membre de la famille qui apporte les encouragements nécessaires, signale lorsque le participant retombe dans ses anciennes habitudes de comportement et qui fournit des évaluations en cours de route, de manière à ce que la motivation à changer ne s'épuise pas. L'environnement social propose d'autres « modèles ». On peut suggérer au participant d'identifier une personne qui fait très bien ce que le participant veut apprendre. Le simple fait d'observer ce modèle aide à apprendre à faire comme lui.

---

1. M.A. Dalton, G. Hollenbeck (1996), *How to design an effective system for developing managers and executives*, Greensboro, Center for Creative Leadership.

3. Une autre possibilité repose sur l'idée de tirer parti de ses échecs. Bien sûr, il ne s'agit pas de conseiller au participant d'échouer pour en tirer des leçons, mais de savoir profiter de ses échecs pour y réfléchir et, une fois dissipée la déception ou l'humiliation, en bénéficier d'une certaine façon. A condition que la personne subissant un échec soit accompagnée, qu'on l'aide à y faire face et à en comprendre les raisons.

4. Reste le plus classique, mais qu'il ne faut pas négliger. Les formations traditionnelles, et les ouvrages qui apportent des connaissances indispensables, contribuent évidemment au développement des compétences. Mais il faut tenir compte du fait que ces méthodes classiques ne peuvent constituer qu'une partie du développement personnel et que l'expérience directe reste un élément indispensable. Pour prendre un exemple emprunté à Dalton, quelqu'un qui juge important d'apprendre à mettre les autres à leur aise peut observer le comportement d'une personne qui le fait bien, lire un livre sur la manière d'accueillir quelqu'un pour réduire le stress, et trouver un complice avec qui pratiquer des exercices. Mais le plus important sera de faire le bilan de ses propres tentatives.

Comme le remarque Dalton, il y a trois personnages clés dans l'élaboration du plan de développement : le participant lui-même, son supérieur (ou un représentant de la gestion des ressources humaines), et le consultant qui joue un rôle de facilitateur. Le participant doit être le « maître » de ses besoins de développement et cela, grâce à une analyse de ce qu'il juge nécessaire de développer et de ce qu'il se pense capable de développer. Mais c'est le représentant de l'organisation qui apporte les sources de motivation essentielles à l'effort de développer de nouvelles compétences. Par ailleurs, il faut souligner le fait que les objectifs de développement étant exprimés en termes de comportement dont il faut acquérir la maîtrise, ils ne menacent pas l'estime de soi autant que le ferait un projet de changement concernant la personne elle-même. Enfin, le consultant est là pour soutenir les efforts, encourager le participant à être optimiste, écouter et discuter la situation, suggérer des étapes et discuter des moyens pour les atteindre. Et, si nécessaire, servir d'intermédiaire entre le participant et l'organisation. Enfin, a côté de ces grands groupes de stratégies, il existe des tactiques simples utilisées avec succès par ceux qui veulent se développer. Elles sont recensées en annexe.

ET AU TOTAL, QUELS EFFETS ATTENDRE DE LA PROCÉDURE À 360° ?

Le 360° a une double utilité : améliorer la connaissance de soi et inciter à développer de nouvelles compétences, à condition, bien évidemment, que l'entreprise soutienne les efforts du participant et soit prête à lui donner des opportunités. De toute manière, une meilleure connaissance de soi ainsi que le fait d'avoir des objectifs de développement constituent des éléments positifs.

Savoir comment les autres vous perçoivent est un facteur important de la survie dans l'organisation et de l'efficacité professionnelle. C'est encore plus vrai à l'heure actuelle, du fait de la multiplicité des structures dans lesquelles on est amené à travailler, donc du nombre de personnes avec qui on est en relation. Et encore plus difficile qu'avant, justement parce que chacun côtoie un grand nombre de personnes. Il n'est plus suffisant de connaître l'opinion de son supérieur hiérarchique... Savoir comment on est perçu par ses clients, par ses fournisseurs, par les membres des différentes équipes avec lesquelles on est amené à collaborer, est à la fois plus important et plus complexe.

Qui va réellement changer ? L'expérience montre que les participants qui reçoivent de la part des observateurs des évaluations très différentes de leur image d'eux-mêmes sont ceux qui changent le plus, probablement parce que l'insatisfaction de constater cette différence est un stimulant important à changer. En effet, un net décalage entre l'image de soi et celle que nous renvoient les autres met en évidence les lacunes qui existent entre les objectifs et la performance, incite à rechercher ce qui les justifie, et pousse à mettre en conformité l'image de soi et celle qu'on donne aux autres, en suggérant des points précis sur lesquels le progrès est nécessaire. La théorie de « cohérence de soi » développée par Korman explique cet effort de mise en conformité en soulignant le désir de chacun d'établir une cohérence entre la perception qu'il a et celle que les autres ont de son comportement. Et il semble même si l'on se réfère à London et Smither, que la cohérence entre les évaluations des différents observateurs influence l'acceptation des résultats – donc la mise en œuvre d'actions pour en tenir compte et progresser[1]. En revanche, s'il y a accord entre l'image de soi et l'évaluation par les autres, les participants ont tendance à être satisfaits du résultat et à ne pas chercher à progresser, même si ces résultats sont médiocres. Par ailleurs, plusieurs recherches américaines (citées in Johnson et al., 1999) montrent que les participants qui se surévaluent par rapport aux autres notateurs progressent nettement plus que ceux qui se sous-estiment ou dont les auto-évaluations coïncident avec celles des observateurs. On peut aussi imaginer, outre ce besoin de cohérence, que les résultats, surtout lorsqu'ils sont concrets et qu'ils concernent des conduites précises, déterminent bien les comportements sur lesquels un progrès est nécessaire. Ce qui va plus aider ceux qui reçoivent des scores faibles que ceux qui ont déjà une performance honorable.

Ces différentes recherches permettent de mieux comprendre l'effet motivateur des multi-notations. En particulier le fait que la multi-notation n'a pas le même effet motivateur dans tous les cas. On peut retenir l'idée que les participants qui se surestiment par rapport à l'évaluation des autres sont ceux qui feront le plus d'effort pour progresser, et ceci, même si leurs scores initiaux étaient déjà élevés. Pratiquement, il est donc très important d'attirer l'attention des participants sur les décalages entre leurs scores et ceux que les autres

---

1. A.K. Korman (1976), « Toward an hypothesis of work behavior », *Journal of applied psychology*, n° 4, pp. 31-41 ; M. London, J.W. Smither (1995), « Can multi-source feedback change perceptions of goal accomplishments, self-evaluations, and performance-related outcomes ? », *Personnel Psychology*, n° 48, pp. 803-839 ; J.W. Johnson, K.L. Ferstl (1999), « The effects of interrater and self-other agreement on performance improvement following upward feedback ». *Personnel Psychology*, n° 52, 2, pp. 271-305.

leur ont donnés, lorsqu'ils se surestiment, et d'attirer l'attention sur leurs évaluations par rapport aux normes dans les autres cas. Par ailleurs, ceux qui se sous-estimaient voient leur confiance en eux s'affirmer, ce qui est également une source de changement.

Il est très rare que les résultats d'un 360° ne contiennent pas d'éléments favorables pour l'avenir. Dans tous les cas, la gestion des résultats, faite en commun par le participant et le responsable du 360°, est une étape importante du processus. Et même si le rôle central dans l'analyse des résultats et dans l'élaboration du plan de développement revient au participant lui-même, le rôle de la hiérarchie est également important. Le processus de développement personnel repose sur le fait d'enseigner aux autres à tirer parti des leçons de l'expérience. La différence doit donc être claire entre une formation classique dont la responsabilité revient au formateur, et le développement personnel par l'accès aux expériences pertinentes dont l'organisation peut assurer l'accès au participant. En outre, beaucoup d'expériences fécondes ne nécessitent pas de changement de poste. Le développement peut fort bien se faire sur place parce que pratiquement toutes les missions possèdent un réel potentiel de développement si on sait en tirer parti. Apprendre de nouvelles compétences n'est pas chose facile. Raison de plus pour que le supérieur hiérarchique, principal pourvoyeur d'encouragements sur le terrain, joue un rôle important dans la procédure de développement. Or la majorité des hiérarchiques n'ont jamais envisagé leur fonction comme étant des fournisseurs de développement. Et cela est particulièrement vrai dans un pays comme le nôtre où la distance hiérarchique est forte et influence les relations inter-personnelles.

ANNEXE : COMMENT DÉVELOPPER SA CAPACITÉ À APPRENDRE ET À TIRER PARTI DE L'EXPÉRIENCE[1]

Ceux qui savent bien tirer parti de l'expérience pour s'améliorer utilisent les tactiques suivantes :

- Ils se posent souvent la question : « Quelle leçon ai-je apprise ? ».
- Ils tentent d'imaginer comment les choses seront dans l'avenir.
- Ils réfléchissent au passé pour y trouver des analogies avec le présent.
- Ils réfléchissent à ce qu'ils vont faire avant de faire face à une situation à problème.
- Ils tirent parti des expériences où ils sont eux-mêmes enseignants.
- Ils se demandent ce qu'un cadre ou un professionnel « idéal » ferait à leur place.
- Ils tentent de reproduire le comportement d'une personne qu'ils admirent.
- Ils ne fuient pas les situations où ils savent qu'ils devront surmonter une de leurs faiblesses.
- Ils analysent aussi bien leurs succès que leurs échecs et leurs erreurs.
- Ils cherchent des modèles.
- Ils notent régulièrement ce qu'ils ont appris.
- Ils cherchent à rencontrer des personnes qui ont eu à faire face à des défis identiques à ceux qu'ils rencontrent eux-mêmes.
- Ils cherchent des occasions de discuter avec les titulaires précédents de leur poste actuel.

---

1. Guide de développement, Repères de Carrière, adapté de « Benchmarks », Center for Creative Leadership, Éditions du Centre de psychologie appliquée.

- Ils se posent toujours des questions.

- Ils réfléchissent aux sentiments et aux attitudes qu'ils ont eus dans une situation où il leur était possible d'apprendre quelque chose de nouveau.

- Ils cherchent des précédents historiques qui peuvent leur apporter des points de comparaison, par exemple, penser à quelqu'un qui a été un bon constructeur d'équipe et avec qui ils peuvent se comparer.

Conclusion

Quel avenir pour les 360° ?

Quel avenir pour les 360° ? S'agit-il d'une mode passagère qui va disparaître une fois la curiosité satisfaite ? Ou bien d'un tournant important dans la gestion des ressources humaines, justifié par le besoin, pour les organisations, d'avoir plus de communication entre niveaux hiérarchiques, de mieux gérer la mobilité interne, et de faciliter le développement des compétences dans un monde professionnel en évolution rapide ? Et pour les hommes et les femmes qui travaillent, d'avoir la possibilité de réfléchir au déroulement de leur carrière et d'en discuter les étapes avec l'organisation ?

Tout dépend, en premier lieu, de la manière dont le 360° est géré et des utilisations qui en sont faites.

Si le 360° constitue un événement isolé au sein de la gestion des carrières, il y a peu de chances qu'il soit plus qu'un gadget occasionnel. En revanche, il apporte un plus important si ses objectifs sont clairs et bien intégrés dans la politique des ressources humaines de l'organisation. Un contre-exemple est apporté par une organisation internationale qui a souhaité utiliser une procédure à 360° avec l'objectif trop vague d'améliorer la communication entre niveaux hiérarchiques. Mais les cadres de cette organisation étaient, dans leur grande majorité, détachés pour une période de temps limitée, de leurs pays respectifs. Même si cette mission internationale leur apporte de réelles occasions de développement personnel, ce n'est pas de leur hiérarchie actuelle que dépend la suite de leur carrière, donc ils restent sans interlocuteur crédible pour en discuter les étapes ultérieures. La procédure à 360° a été vécue comme une occasion pour les collaborateurs et les collègues de devenir des évaluateurs occasionnels, mais sans que les participants du 360° ne s'y intéressent vraiment. Et l'application de la procédure à 360° a été interrompue du fait de leur mauvaise volonté. Pour que le 360° ne soit pas une aventure ponctuelle et sans lendemain, il faut donc qu'il réponde à la recherche, par l'organisation, d'une culture plus participative et d'une stratégie de gestion des ressources humaines plus flexible, orientée vers la nécessité de s'adapter rapidement aux besoins et aux changements du marché.

DES DIFFÉRENCES CULTURELLES ?

Mais il n'y a pas que l'environnement organisationnel à prendre en compte. Le concept de 360° est né et a été développé aux États-Unis. Ce qui soulève le problème des disparités culturelles, et fait réfléchir aux postulats implicites de la démarche, postulats qui ne seraient peut-être pas acceptés dans d'autres cultures[1]. Il s'agit notamment de l'idée selon laquelle le développement personnel peut se faire grâce aux activités de travail, et le progrès dans la carrière être fonction de ce développement, indépendamment du statut social et des titres universitaires. Bref, l'idée que les cadres dirigeants peuvent avoir été formés par les expériences rencontrées et les défis surmontés. Ces différences d'attitude et d'opinion peuvent affecter aussi bien la procédure à 360° elle-même que la manière dont le rapport de restitution va être perçu. Pour prendre un exemple qui concerne un autre continent, dans les pays asiatiques, la tradition du confucianisme fait respecter une hiérarchie rigide, dont les membres vont s'attendre à des évaluations systématiquement positives de la part de leurs subordonnés.

---

1. J.B. Leslie, N.D. Gryskiewicz, M.A. Dalton (1998), « Understanding cultural influences on the 360-Degree feedback process », chapitre 8 *in* W.W. Tornow, M. London, *Maximizing the value of 360-Degree feedback*, San Francisco, Jossey Bass.

D'une manière générale, le rapport de restitution est d'autant mieux accepté qu'il se passe dans un pays où les notations professionnelles sont habituelles. Et également dans les pays où la communication est facile et fait partie des habitudes sociales, où connaître la vérité est primordial, même si elle est pénible à entendre. C'est le cas aux États-Unis où le fait d'influencer les autres, de les écouter, de construire de bonnes relations, et de prouver son adaptabilité est plus important qu'en Europe. Dans les cultures moins ouvertes, le 360° sera peut-être valorisé pour d'autres raisons, par exemple parce que c'est une procédure privée qui évite la confrontation directe.

Qu'en est-il de la culture française, sur ce point ? Comment s'est passé l'arrivée en France des instruments à 360° ? Les premières organisations à utiliser des procédures à 360° en France ont surtout été des multi-nationales désireuses de transplanter en France une méthode de développement qu'elles utilisaient dans d'autres pays. Et l'arrivée de la procédure à 360° dans les entreprises françaises n'est pas toujours facile. Une des grandes entreprises publiques françaises a récemment lancé un appel d'offre dont l'objet était de tester le 360°. Mais l'appel stipulait qu'il était hors de question de ne pas faire communiquer par le consultant les résultats des cadres participants à leurs supérieurs hiérarchiques. Dans un cas comme celui-là, l'entreprise ne doit pas être accusée de ne pas comprendre la procédure à 360°. C'est la culture nationale, et, encore plus, les règles qui régissent une entreprise publique française, qui ne la rendent pas toujours prête à accepter la nouvelle distribution des rôles qu'implique le 360°.

On peut donc valablement se demander quel traits culturels et quelles valeurs nationales favorisent ou, au contraire, freinent l'implantation d'une procédure d'évaluation qui bouleverse les relations hiérarchiques traditionnelles et donne plus d'initiative au personnel. Les comparaisons inter-culturelles fournissent des éléments de réponse à ces questions/réponses qui peuvent rendre service aux praticiens en leur faisant mieux comprendre quels sont les obstacles de fond qu'ils peuvent rencontrer lorsqu'ils présentent le concept de 360° à une organisation française, et aussi sur quels aspects culturels ils peuvent s'appuyer.

A la suite de Hofstede, les recherches inter-culturelles ont identifié, et confirmé, la nature des valeurs culturelles qui différencient les pays entre eux[1]. La France est caractérisée par une forte *distance de pouvoir*, c'est-à-dire par des structures hiérachiques fortes, et un style de leadership souvent autocratique. Ce qui a plusieurs consé-quences sur la procédure à 360°. D'abord, comme le montre l'exem-ple cité plus haut, les supérieurs du cadre participant ont du mal à accepter l'idée de ne pas avoir communication des résultats. Et le participant lui-même a du mal à croire que ce ne sera pas le cas. En outre, les participants ont tendance à accorder moins d'importance aux évaluations des collègues et des collaborateurs qu'à celles de leurs supérieurs hiérarchiques. Et la confidentialité des résultats, qui paraît peu vraisemblable, doit être prouvée de manière convaincante pour en persuader tous les acteurs du 360°. Le caractère très compé-titif de notre système de grandes écoles tend à accréditer l'idée qu'elles sont une pépinière de leaders et que les futurs dirigeants y sont sélectionnés une fois pour toutes. Ce qui est contradictoire, on l'a vu, avec un des postulats de la procédure à 360°, à savoir avec l'idée que le développement des compétences est étroitement lié aux expériences rencontrées sur le terrain et aux leçons qu'on saura en tirer pour progresser. On a longtemps cru que les leaders étaient caractérisés par des traits communs, acquis tôt dans l'existence et efficaces quelle que soit la situation. On sait maintenant que l'exer-cice du leadership est fonction de la capacité à adopter des compor-tements accordés aux situations, dont le choix et les effets sont appris au fil des expériences.

Par ailleurs, les Français sont caractérisés par une *faible tolérance à l'ambiguïté*. Nous nous qualifions volontiers de « cartésien », ce qui signifie que nous n'aimons pas avoir à prendre de décisions sans pos-séder toutes les données du problème, ou en ne disposant que d'infor-mations contradictoires. Cela ne veut pas dire reculer devant les décisions à prendre, ou les considérer comme sans importance, mais reporter une prise de décisions jusqu'à ce que le tableau soit clair,

---

1. G. Hofstede (1991), *Culture and organisations : software of the mind*, Londres, McGraw Hill.

alors que dans d'autres cultures, le bénéfice escompté d'une décision rapide primera le besoin de disposer de toutes les informations nécessaires. Cette attitude renvoie à la manière dont nous réagissons devant les décalages entre l'image de soi et l'image que renvoient les autres. Nous avons vu l'importance de ces disparités comme déclencheur de la réflexion et incitation à l'action. Ce ne sont pas là des informations qu'il faut interpréter en cherchant qui a raison et qui a tort... mais plutôt en tentant de comprendre quel comportement a entraîné l'évaluation donnée par tel ou tel groupe d'observateurs. La disparité des résultats apportés par les différents groupes d'observateurs constitue parfois, pour les cadres français, un réel problème. Et le décalage entre soi et les autres peut faire l'objet d'explications *a posteriori* mettant en cause l'esprit de compétition des uns, la rancune des autres, ou encore leur manque d'aptitude à observer et à évaluer, au lieu de déclencher la recherche des liens possibles entre son comportement et l'image qu'on donne aux autres.

Ces possibles difficultés ne doivent pas faire négliger un trait culturel français qui favorise fortement l'approche à 360°. Contrairement aux pays à culture collectiviste, comme le Japon, la France a une culture individualiste qui favorise l'esprit d'initiative, le fait d'être autonome et de s'assumer. L'idée de la capacité de chacun à gérer sa carrière y est facile à accepter, de même que le fait de considérer le développement personnel comme un objectif important. Ce qui contribue sûrement à accepter comme un réel service les informations apportées par le 360°.

D'autant plus que la procédure à 360° correspond bien à deux applications pour lesquelles les entreprises françaises et les cadres français cherchent actuellement à développer des procédures efficaces : le développement des hauts potentiels et les bilans de compétence. Le 360° est souvent la première étape du processus de développement après qu'une personne ait été identifiée comme ayant un fort potentiel. La multi-évaluation prend alors tout son sens. Prenons un exemple. Un jeune cadre, flatté des bonnes évaluations de son supérieur, qui ont contribué à sa mise sur la liste des hauts potentiels, est choqué de recevoir une image différente de ses collègues et de ses collaborateurs qui le perçoivent comme ambitieux, sacrifiant tout à sa carrière et apparemment peu préoccupé des autres. Ce problème, qui pourrait devenir sérieux à l'avenir, reçoit une attention immédiate. Les raisons du décalage sont analysées, des modifications de comportement sont envisagées avec le cadre, et, si nécessaire, le plan de développement qui suit est automatiquement discuté avec la hiérarchie, souvent avec des supérieurs de haut niveau. Et l'organisation soutient les efforts nécessaires pour que le plan de développement soit mis en œuvre – la mobilité, les formations, l'accès aux expériences souhaitables. Ce qui signifie que même si le rapport du 360° est confidentiel, le plan de développement est discuté avec le supérieur et même avec le niveau au-dessus. Ceci parce que le plan doit à la fois tenir compte des besoins de développement du cadre identifié comme étant à haut potentiel et des priorités anticipées par l'organisation dans l'avenir. Un des avantages de cette procédure, c'est qu'elle a des objectifs précis et qu'elle peut faire l'objet d'un suivi à la fois sur l'efficacité des actions de développement, sur leur pertinence et sur la satisfaction des intéressés. Mais, dans ce cas, la responsabilité du succès de la procédure à 360° est évidemment partagée entre l'instrument lui-même, le coach et la hiérarchie de l'organisation. Et on peut affirmer qu'un des facteurs décisifs est la manière dont le supérieur du cadre à haut potentiel répond au plan de développement.

ET POUR CONCLURE :

Quels effets attendre d'un 360° ?

Le 360° a d'autres effets bénéfiques que le fait de stimuler le développement personnel grâce aux multi-évaluations[1]. En particulier :

1. Il encourage l'implication du personnel en faisant sentir aux collaborateurs qui interviennent pour évaluer leur supérieur que leur opinion a de la valeur et que les évaluations qu'ils donnent contribueront à une amélioration des pratiques de management dans l'entreprise.

─────────

1. D.A. Waldman et L.E. Atwater, *op. cit.*

2. Les résultats sont parfois des critiques mais souvent aussi des évaluations positives qui constituent de forts renforcements de la motivation et de l'estime de soi, en particulier parce qu'elles ont été données de manière anonyme, ce qui aurait permis à ceux qui le pensaient d'exprimer des opinions négatives. C'est encore plus vrai lorsque ces évaluations positives sont inattendues.

3. Il accroît l'intérêt pour les évaluations. Ceci d'autant plus que le 360° a entraîné des efforts de changement : dans ce cas, le participant souhaite savoir si ses efforts on eu des résultats et si les changements qu'il a essayé d'introduire dans son comportement ont bien été perçus.

4. Il développe la communication entre niveaux hiérarchiques dans la mesure où les réactions du participant consistent souvent à discuter ouvertement de ses problèmes avec ses collaborateurs (exemple : « je veux déléguer ; vous me dites que je ne le fais pas ; discutons-en »). Ce qui, étant donné le caractère personnel de ces discussions contribue à abattre les barrières de communication.

5. Il contribue à développer la culture organisationnelle vers un climat plus participatif et une culture plus orientée vers l'attribution de responsabilités accrues aux niveaux plus modestes de la hiérarchie. C'est aussi une manière d'indiquer aux cadres que l'organisation s'intéresse à la manière dont ils managent... et autant à comment ils obtiennent leurs résultats qu'aux résultats eux-mêmes. Le forum suscité par le 360° crée également des occasions de discuter et de clarifier les valeurs organisationnelles, ainsi que les décalages éventuels entre valeurs individuelles et valeurs collectives.

ANNEXE : RAPPEL DES POINTS ESSENTIELS POUR CEUX QUI ENVISAGENT UN 360°

Définition

Un 360° consiste à donner au participant une évaluation venant de plusieurs sources, fondée sur un questionnaire qui concerne son comportement dans le travail, évaluation qu'il peut comparer à celle qu'il s'est donnée lui-même en utilisant le même questionnaire. Les observateurs sont anonymes, à l'exception du supérieur hiérarchique.

Objectif

Favoriser la mise en œuvre par le participant d'activités de développement allant dans le sens des besoins de l'organisation et appuyées aussi bien sur les activités traditionnelles de formation que sur le fait de tirer parti des expériences, de choisir les expériences qui permettront d'atteindre des objectifs de développement spécifiques, et d'avoir accès à ces expériences sans problèmes.

Contexte

Le 360° peut être utilisé pour la totalité ou pour un fragment de la population concernée dans l'entreprise. Il faut éviter de surcharger les hiérarchiques et, pour cela, étaler dans le temps la distribution des dossiers. La finalité de développement doit être clairement expliquée, ainsi que le caractère confidentiel des réponses aux questionnaires et la manière dont la confidentialité est gérée. Il est essentiel que le principe du 360° soit compris et accepté, et que son rôle de développement soit clairement perçu.

Questionnaire

Les items doivent exclusivement concerner des comportements et des missions qui, regroupés, permettront d'évaluer des compétences. Ces comportements doivent être observables par les observateurs. Les échelles utilisées pour évaluer les participants sur ces comportements doivent être adaptées aux objectifs. Il est utile de favoriser la comparaison avec les autres en donnant des scores normés, du type : « se situe dans le premier quart de la population concernée » et de ménager une comparaison avec les compétences jugées importantes par les différents observateurs.

Application pilote

Elle a deux temps distincts. D'une part, vérifier les qualités métriques du questionnaire, notamment sa cohérence, en utilisant un indice de fidélité (comme l'α de Cronbach), et en modifiant le questionnaire et son exploitation jusqu'à ce que la cohérence soit satisfaisante. D'autre part, effectuer sur le site un essai pilote qui concernera des représentants de la population concernée et qui permette aussi bien de contrôler la compréhension du processus et son utilisation que de recueillir des suggestions, des réactions et favoriser la diffusion de l'information que, de toute manière, la multi-notation contribue à amorcer.

Administration

Préciser :

Comment choisir les observateurs en tenant compte de leur possibilité d'observer le participant, de leur ancienneté de contact avec lui, de leurs relations respectives (collaborateurs, collègues, fournisseurs internes ou externes, supérieur...), en les informant sur le questionnaire et, éventuellement, en les formant à la notation, en fixant un minimum pour chaque catégorie de manière à assurer l'anonymat dans le calcul des moyennes de scores, en laissant une réelle flexibilité de choix au participant,

Préparer :
- un texte d'information destiné aux observateurs où seront indiqués :
    - l'objectif du 360° ;
    - comment la restitution sera utilisée ;
    - comment remplir le questionnaire ;

- comment les résultats seront calculés ;
- le calendrier ;
- comment envoyer le questionnaire rempli ;
- comment l'anonymat est respecté.

Traitement des données

Prévoir des mesures destinées à ce que les questionnaires renseignés ne soient accessibles qu'aux personnes autorisées. Préciser qui a le droit de lire les résultats. Prévoir comment les données seront conservées, de manière anonyme, pour la recherche et le suivi des étalonnages.

Restitution

Elle doit comporter au minimum un score par compétence venant de chacun des groupes d'observateurs, et du participant lui-même, préciser le nombre de personnes de chaque catégorie qui ont répondu, et donner une indication concernant l'accord entre les notateurs. En outre, et quand cela est possible, situer les scores par rapport à un ou des groupes de référence pertinents. Le rapport de restitution n'existe qu'en un exemplaire remis au participant par le consultant responsable du processus de 360°.

Suite de la restitution

Des informations détaillées doivent être données aux participants sur la manière de lire le rapport, et, surtout, de l'analyser afin d'utiliser les résultats pour faire un plan de développement. Ce qui signifie être à même d'identifier des priorités pour ce développement, de construire un plan d'action, d'identifier les ressources de développement disponibles, et, éventuellement de discuter avec les observateurs pour compléter leurs observations et envisager des améliorations.

Dépôt légal : novembre 2012